미국의 배신과 흔들리는 세계

김준형

미국의 배신과
흔들리는 세계

창비
Changbi Publishers

책머리에

저는 조국혁신당 비례대표 국회의원이며 외교통일위원회에 소속되어 활동하고 있는 김준형입니다. 제 평생의 삶은 외교안보 분야를 떠나지 않았습니다. 20대를 시작하면서부터 30대 중반까지는 '배움의 길'을 그리고 이후 25년 동안은 '가르치는 길'을 걸었습니다. 방송 출연이나 강연으로 그리고 정책 자문도 하면서 살아왔습니다. 국제정치학은 너무도 복잡해서 아직 더 많은 공부가 필요하고, 또 너무 중요해서 떠날 수가 없습니다.

2024년 3월 초, 25년간 걸었던 대학교수의 삶을 뒤로하고 갑자기, 그러나 과감히 국회의원이라는 새로운 길에 접어들었습니다. 윤석열 세력이 한국 외교를 망가뜨리는 것을 두고 볼 수 없었습니다. 외교는 상대가 있는 것이라 한번 망가지면, 한쪽에서 아무리 노력해도 복구가 힘들어진다는 생각에 초조했습니다. 1년이 채 안 되는 국회 생활은 10년 겪을 것보다 더 많은 일을 겪은 듯한 다사다난의 시간이었지만, 역사의 현장에서 작은 역할이라도 했다는 점에서 의미가 있었습니다. 12월 3일 비상계엄을 해제하고 12월 14일 탄핵소추안을 통과시켰던 것은 큰 보람이었고, 국회의원 되기를 잘했다는 생각이 들었습니다.

저는 2024년 12월 3일 비상계엄부터 2025년 4월 4일 헌재의 대통령 파면까지 123일간의 이른바 '빛의 항쟁'은 단지 한 사람의 권력형 범죄자를 단죄하는 것이 아니라, 세가지 엄청난 역사적 의미가 있다고 생각합니다. 먼저, 당연히 민주주의 회복입니다. 자랑스러운 노벨문학상 수상자 한강 작가가 "과거가 현재를 돕고, 죽은 자들이 산 자를 구한다"라고 말한 것처럼 1980년 광주 시민들의 죽음으로 쟁취했던 민주주의를 다시 회복했습니다.

"인간의 정의로움 때문에 민주주의는 가능하고, 인간이 항상 정의롭지 않기 때문에 민주주의는 필요하다." 인간의 이기심 때문에 민주주의가 필요하지만 인간의 이타성 덕분에 민주주의가 가능하다는 신학자 라인홀드 니버(Reinhold Niebuhr)의 말입니다. 민주주의는 잘못되었을 때 바로잡을 수 있는 유일한 제도입니다. 군주제에서 성군의 태평성대를 이룬다고 해도 다음에 폭군이 등장하는 것을 막을 수 없고, 폭군이 폭정을 행할 때 되돌릴 방법이 없습니다. 그러나 윤석열을 끌어내렸듯이 민주주의는 통치자가 잘못했을 때 바꿀 수 있습니다. 이처럼 민주주의는 잘못될 가능성까지 고려해 고칠 방법을 포함하고 있다는 니버의 지적에 전적으로 동의하며, 민주주의의 가치를 제자리로 돌려놓은 한국의 시민들에게 무한한 존경을 표합니다.

두번째 역사적 의미는 평화입니다. 민주주의 제도는 평화와 친화성을 가질 수밖에 없습니다. 철학자 칸트는 영구평화론을 주창했는데요. 공화정을 통해 영구적인 평화가 가능하다는 것이었습니다. 이를 미국의 28대 대통령 우드로 윌슨(Woodrow Wilson)이 소환하며 국제연맹을 통해 국제평화를 도모한 바 있고, 최근에는 국제정치의 민주평화론으로 이어졌습니다. 핵심은 매우 상식적이고 논리적입니다. 독재체제에서는 독재자 한 사람의 이익을 위해 전쟁을 쉽게 일으키지만 국민이 주권자인 민주주의에서는 다수의 지지가 있어야 하는데, 다수가 지지하는 전쟁은 거의 없다는 것입니다. 그래서 민주주의체제는 전쟁의 가능성을 낮추고 평화 달성과 깊은 관계를 맺고 있다는 점에서 의미가 큽니다.

　마지막으로 이번 민중항쟁의 의미는 자주 회복의 기초를 만들었다는 것인데, 이는 우리 대한민국에는 너무도 중요한 부분입니다. 민주주의는 물론 개방적이고 관용적인 제도입니다. 그러나 동시에 국민 대다수의 지지를 받아 대외관계에서 자주를 지킬 필요도 있습니다. 조선 말기 일제에 나라를 빼앗겼고, 한국전쟁까지 겪은 후에도 한국은 매국 세력의 손아귀에 놀아나는 경우가 많았습니다. 이처럼 소수 기득권이 지배하는 사회는 사적 권력욕 때문에 외세 의존의 유혹에 취약하지만, 민주주의는 '자강'이 가능합니다. 민주주의는 주권을 가진 국민이 중심이기에 대일 종속, 대미 종속 같은 식민주의를 극복하는 비결이 될 수 있는 것입니다. 정치 양극화로 인해 자주를 말하면 곧 반미-반일-친중-친북으로 공격받는 시대를 이제는 극복해야 하고, 극복할 수 있습니다.

　저는 민주주의, 평화, 자주가 다음 정부 그리고 미래 세대에 우리가 완성해야 할 시대적 과제이자 가치라고 생각합니다. 윤석열정부가 자유, 평화, 인권, 민주주의 같은 가치를 멋대로 왜곡하고 남용했지만, 가치는 매우 소중한 것입니다. 가치는 가치 있고 평화는 평화롭습니다. 이 당연한 사실을 지키는 것이 다가올 미래 시대의 과제라고 생각합니다.

공포는 본능적 반응의 영역이지만, 용기는 결심의 영역입니다. 격변의 국제질서와 혼돈의 국내 정치에서 우리 국민은 위대한 용기를 보여줬습니다. 윤석열 탄핵으로 우리는 격변의 시대에 버틸 힘을 가지게 되었습니다. 이제 남은 것은 국민을 믿고 결기를 가지고 사적 권력이 아닌 시대적 과제를 과감하게 실천할 수 있는 지도자의 등장입니다.

얇고 가벼운 책이지만, 여기에는 국제질서 변화의 본질을 이해하는 방법과 함께 우리의 미래를 위해 어떤 준비를 하고 어떤 선택을 내려야 하는가라는 두껍고 무거운 질문이 담겨 있습니다. 이에 대해 신중하고 치열한 대답을 해보려 합니다. 이 책이 '미국의 배신'으로 '흔들리는 세계' 속에서 우리는 어떻게 살아가야 할지, 독자들의 걱정 근심을 조금 덜어주고, 지금의 변화를 제대로 파악하고자 하는 노력의 시작을 안내하는 역할을 하면 좋겠습니다.

2025년 4월

김준형

책머리에	005
미국의 배신과 흔들리는 세계	013
	바야흐로 격변의 시대
	탈냉전과 팍스 아메리카나
	두번의 위기와 슈퍼맨의 약점
	신냉전이 아니다, 파편화다
	분열된 나라: 똑 닮은 미국과 한국
	트럼프의 외교 전략: 각개격파와 삥 뜯기
	한국의 트럼프 대망론이 가리키는 것
	새로운 관점으로 보는 한미동맹과 평화체제
	트럼프 태풍에 맞서는 일은 가능할까
	바로 지금, 한국의 민주주의라는 가능성
묻고 답하기	083
기억하고 싶은 문장	099

미국의 배신과
흔들리는 세계

바야흐로 격변의 시대

요즘 TV를 보면, 심리학자나 상담가가 유달리 많이 나옵니다. 사람의 고민을 들어주는 사람들이 TV에 나오는 게 새로운 일은 아니지만, 그 빈도가 많이 잦아진 것 같아요. 사람들이 심리학에 귀를 기울이고 정치·사회적으로도 점술가나 무속신앙 등에 의지하는 이런 현상은 보통 세상이 확 바뀌거나 과도기에 처했을 때 많이 일어나는데요, 사람들이 그만큼 불안해한다는 사실을 말해줍니다.

국제정치학자의 입장에서 봐도 우리가 직면한 지금은 정말 엄청난 격변의 시대입니다. 많은 사람들이 충분히 불안해하고 힘들어할 만합니다. 2025년은 을사늑약 120년이자 광복 80주년입니다. 이런 숫자까지 딱 맞아떨어지는 게 어떤 의미가 있는 것처럼 보일 만큼, 지금 시기는 국제정치의 역사와 흐름 속에서도 격변의 시기라고 생각합니다.

우리가 겪고 있는 이 격변을 상징하는 거대한 사건 중 하나가 트럼프(D. Trump) 미국 대통령의 등장이라고 할 수 있겠는데요. 제가 오늘 드릴 이야기는 트럼프의 등장이 단순한 우연이 아니라는 것입니다. 물론 이를 충격적 일탈이자 괴물의 등장이라는 예외적인 사건으로 설명할 수도 있고 그렇게 말하는 사람들도 꽤 있습니다. 하지만 제가 보기에 트럼프는 현재의 국제질서의 변화에 대한 원인이자 결과이며, 때로는 변화를 가속하는 촉매이기도 합니다. 마치 2024년 말에 일어난 윤석열의 내란이 45년 만에 뜬금없이 발생한 일처럼 보이지만 사실 우리 사회에 내재된 문제들을 고스란히 드러내고 있듯이 말입니다.

　이 책에서는 트럼프라는 인물을 중심으로 미국의 변화, 나아가 국제질서의 변화를 읽고 어떤 흐름 위에서 새 시대가 도래하고 있는지, 지금 우리가 처한 이 시대는 과연 어떻게 정의할 수 있을지 들여다보겠습니다. 그리고 과연 한국은 새롭게 재편되고 있는 국제질서에 어떻게 대응해야 할지까지 두루 살펴보겠습니다.

탈냉전과 팍스 아메리카나

국제질서의 큰 흐름을 볼 수 있는 몇가지 굵직한 세계사적 사건들로 이야기를 시작해봅시다. 먼저 1991년 크리스마스, 소련이 붕괴하면서 냉전이 끝났습니다. 2차 세계대전 직후부터 이어져온 이념과 진영의 대결체제가 거의 반세기 만에 한쪽 진영의 지배국가 붕괴로 종결된 것입니다. 냉전이 끝난 이후를 우리는 탈냉전이라고 불렀습니다. 탈냉전은 말 그대로 냉전이 끝났다는 얘기인데요, 이 탈냉전을 설명하는 여러 용어 중 하나가 자유주의 국제질서 또는 신자유주의체제입니다.

신자유주의는 경제학적 용어로 시장의 기능과 민간의 자유로운 활동을 중시하는 사상이죠. 국가권력의 시장 개입을 제한하고자 합니다. 그리고 국제정치에서는 이러한 신자유주의 현상이 세계적으로 나타나는 것을 '세계화'라고 불렀습니다. 즉, 세계화란 정치 시스템이나 경제 시스템, 혹은 국제기구를 통해서 전세계가 하나로 협력하고 통합하는 질서를 일컫습니다.

여러 국가가 하나로 모였을 때 물론 힘의 차이는 있습니다만, 각 국가는 주권을 가지고 있으며 국가 위에 국가가 없습니다. 이 때문에 국제정치는 기본적으로 혼란하고 때론 전쟁 같은 극단적인 수단이 동원되기도 합니다. 많은 사상가와 철학자들이 세계의 안정성을 위해 국제적으로도 정부의 역할을 할 수 있는 기관이 필요하다고 주장했고 그 결과물이 국제기구들입니다. 그런데 실제로는 이런 기구들이 국내 정치의 정부만큼 강한 힘을 발휘하지 못하고 그 한계도 매우 큽니다.

예를 들면 UN(국제연합)은 192개국의 회원국들로 구성되어 세계 정부 같은 모양을 하고 있지만 강제적인 힘을 가진 국내 정부와는 근본적으로 차이가 있지요. 기구의 목적인 평화유지나 전쟁 방지에도 한계를 보입니다. 그래서 현실주의자들은 국제기구가 별 소용이 없다고 평가하고 그런 비판은 꽤 설득력 있어 보입니다.

그럼에도 불구하고 국제기구는 없는 것보다는 있는 것이 더 낫고, 제한적이기는 하지만 평화유지나 자유무역 질서를 유지하는 데 나름의 역할을 합니다. 강대국들로서도 모든 경우에 무력을 사용하는 것은 지나친 비용이 들고 소모적이거든요. 규칙을 만들어 국제협력을 통하면 정당성도 얻고, 큰 비용 투입 없이 이익도 얻게 됩니다. 약소국에도 유리한 점이 있습니다. 국제기구가 강대국들의 이익에 활용되는 측면도 있지만 반대로 강대국의 야만성을 제어하기도 하고, 자기와 비슷한 힘을 가진 고만고만한 국가들을 국제기구가 견제할 수도 있습니다.

이런 국제질서의 안정성 유지를 위해서 더 중요한 것이 패권의 존재입니다. 국제정치학의 패권안정론은 패권의 힘 때문에 역설적으로 세계질서의 안정 또는 평화가 효과적으로 이뤄질 수 있다는 이론입니다. 라틴어로 평화를 의미하는 팍스(Pax)와 패권국가의 이름을 조합해 명명하는데요. 아주 오래 전 존재했던 '팍스 로마나'(Pax Romana)가 있습니다. 로마가 강성했을 때, 적어도 로마의 영향권 내에서는 로마의 정복 전쟁 외에 다른 전쟁은 없었습니다. 혼란하지 않았다는 거죠. 이후 스페인 제국이 강성할 때를 팍스 히스파니카(Pax Hispanica), 대영제국의 전성시대는 팍스 브리타니카(Pax Britannica)라고 불렀습니다. 이렇듯 미국의 강력한 힘에 의한 평화체제를 팍스 아메리카나(Pax Americana)라고 합니다.

어떤 사람들은 팍스 아메리카나가 2차 세계대전이 끝난 직후인 1945년부터 시작됐다고도 합니다. 당시 미국의 절대적인 경제력과 군사력을 고려하면 틀린 말은 아니지만, 소련의 존재로 인해 팍스 아메리카나는 미소 냉전의 양극체제와 혼용되었습니다. 경제적으로 소련은 전혀 미국의 상대가 될 수 없었지만, 자본주의와 사회주의라는 이념적 대립이 있었다는 점에서 한 국가에 의한 평화체제였다고 보기는 어려운 것이죠. 또 인류를 공멸로 몰아갈 수 있는 강력한 핵무기의 대립까지, 이른바 '공포의 균형' 체제였습니다.

그렇게 1945년부터 냉전이 반세기 정도 유지되다가 1991년, 드디어 한 축이 무너지게 된 겁니다. 팍스 아메리카나의 기원을 1945년으로 볼 수는 있겠지만 1991년에 이르러서야 진정한 완성을 이루게 된 겁니다. 어느 수준으로 완성되었느냐면 미국의 패권적 영향력이 미치지 않는 국가가 거의 없을 정도였습니다. 바깥에 있었던 거의 유일한 국가가 있다면 북한 정도입니다. 소련을 중심으로 공산주의 진영에 있던 동유럽 국가들도 북한 빼고는 모두 자본주의로 체제 변화를 하게 됩니다.

소련 붕괴로 탈냉전이 시작된 1991년부터 대략 10년 동안은 그야말로 미국의 세상이었습니다. 어떤 도전자도 없었던, 일극체제의 최전성기라고 할 수 있죠. 미국은 정치 국방 경제 문화

교육 등 전방위에서 여타 국가들을 압도했습니다. 미국의 GDP는 전세계 GDP의 4분의 1을 넘었고, 국방 예산은 2위~15위 국가들의 국방 예산을 모두 합한 것과 비슷한 규모였습니다. 강력한 군사력으로 걸프전 등에서 세계 연합군을 구성하는 등 국력을 과시하며 세계 경찰 역할을 도맡았습니다. 지구상 모든 대륙과 해양에 미국의 영향력과 통제력이 미치지 않은 곳을 찾기 힘들 정도였습니다.

문화적으로도 1950년대 락앤롤을 전파했듯이 힙합문화를 퍼트리기도 했으며, 디즈니와 맥도날드처럼 전세계 대중문화나 업무방식의 표준을 만들었습니다. IT 산업의 본격 도래도 마찬가지입니다. 예를 들면 빌 게이츠(Bill Gates)가 탄생시킨 마이크로소프트는 본격적인 인터넷 시대를 열면서 인류의 생활방식 자체를 바꾸어놓았으며, 곧 전세계가 미국의 방식을 따라가게 하는 표준이 되었습니다.

미국의 코믹스 세계관인 DC 유니버스에서 가장 강력한 히어로인 슈퍼맨을 아시지요? 2025년에 영화 『슈퍼맨 리부트』가 개봉할 정도로 오랜 시간 사랑받는 캐릭터인 슈퍼맨은 총알도 뚫지 못하는 피부, 초인적인 힘, 비행 능력, 레이저빔 등 거의 신(神)에 가까운 능력을 지니고 있습니다. 말하자면 냉전이 끝난 1991년부터 10년간의 미국은 거의 슈퍼맨급이라고 할 수 있고, 실제로 당시에 미국 패권의 절대적인 능력을 슈퍼맨에 비유하는 경우가 아주 많았어요.

두번의 위기와 슈퍼맨의 약점

미국의 이런 완벽한 상태의 패권질서는 대략 10년 동안 유지되었습니다. 물론 모든 것이 긍정적이지는 않았습니다. 모순도 함께 커졌습니다. 특히 사회주의와의 체제경쟁에서 이기기는 했지만, 자본주의의 치명적 약점이라고 할 수 있는 빈부격차 또는 불평등이 더욱 극단적으로 확대되었습니다. 슈퍼맨에게도 초능력을 무력화하고 심각한 신체적 약화를 부르는 크립토나이트라는 약점이 있는 것처럼요.

2001년에 일어난 9·11 테러는 슈퍼맨과 같았던 미국의 패권체제에 균열을 내는 시작점이 됩니다. 어떻게 완벽한 세계 최강의 국가가 다른 강력한 국가도 아닌 고작 수십명의 테러리스트들에 당했을까요. 묘하게도 미국 패권을 구성하는 군사적 힘의 상징인 미 국방성 펜타곤과 경제적 힘의 상징인 월스트리트의 무역센터 빌딩이 공격당했습니다. 물론 테러리스트들의 의도가 반영된 목표물이었겠지요. 이스라엘을 도와 아랍세계를 침공해온 미국의 핵심에 대한 타격 말이에요.

물론 이 사건 때문에 미국의 힘이 갑자기 없어진 건 아니지만, 그동안 완벽하게 여겨졌던 미국 중심의 안정적 국제질서가 안전하지 않을 수 있다는 의심을 던지게 했습니다. 미국인들의 의식도 변했고요. 소련이 붕괴하고 냉전이 끝난 후 미국인들은 이제 평화의 시대인데 왜 아직도 미국이 세계에 무기를 팔고 다른 나라에 군대를 보내야 하느냐, 군대를 다 철수시키자, 항공모함 두세척과 핵무기 몇기만 있으면 미국은 안전하니 막대한 군사비를 줄여 사회복지와 교육에 예산을 쓰자고 주장했었거든요.

9·11 테러 이후 미국인들은 다시금 안보불안을 느끼기 시작했습니다. 이 사건이 많은 사람들에게 트라우마로 남기도 했고, 이후에도 외로운 늑대형 테러(Lone Wolf-Type Terror, 배후세력 없이 단독적으로 계획·실행하는 자생적 테러) 등 수많은 테러가 미국인을 대상으로 일어났기 때문입니다. 그런데 말입니다. 아이러니한 것은 이게 미국의 대외정책 결정자들한테는 일종의 안도감을 주었습니다.

미국 패권은 자신의 장점을 과시하기도 했지만, 주로 '나쁜 쪽, 나쁜 국가'들의 존재를 통해 반사적 정당성을 얻었습니다. 많은 경우 미국의 위선이나 악행이 더 나쁜 국가들의 악행으로 인해 가려졌습니다. '나쁜 쪽'이란 양차대전 시기의 독일과 일본, 냉전기에는 소련, 그다음은 중국 등을 들 수 있습니다. 특히 냉전 때는 소련을 통해 정당성을 획득하고 반사적 이익을 얻었습니다. 그런데 소련이 붕괴되고 나니 그런 대상이 사라진 거예요.

적이 없는 세계를 다루는 것이 미국으로서는 매우 어색한 일이었습니다. 여태까지는 미국에서 만든 수많은 히어로물과 첩보물에서 나오듯이 빌런을 물리치는 존재로서 주인공의 정당성과 자기 과시가 국제관계에서도 그대로 적용 가능했습니다. 그런데 정작 빌런이 사라지니까 당황한 겁니다. 클린턴(B. Clinton)정부에서 미국 중앙정보국(CIA) 국장을 지냈던 제임스 울시(James Woolsey)는 '거대한 용(소련)을 잡고 나니까 수많은 독사들이(불량국가나 테러리스트) 우글거리는 세상이 됐다'라고 표현하기도 했죠.

다시 정리하자면, 탈냉전 체제를 맞은 미국이 군사비 감축과 외국 주둔 군대의 철수에 대한 국내 요구에 어정쩡한 시간을 보내는 중이었는데, 2001년 발생한 9·11 테러가 미국의 대외 정책 결정자들에게 다시금 세계를 아군과 적군으로 나눌 수 있는 빌미를 주게 된 겁니다. 문제는 막강한 미국의 상대로 몇십 명의 테러리스트가 빌런이라는 구도는 모양도 빠질 뿐만 아니라 정당성이 없어 보였습니다. 그래서 의도적으로 만들어낸 대상이 바로 배후국가들입니다. 테러리스트들의 배후를 색출하면서 만들어낸 적이 바로 악의 축(Axis of Evil)으로 이란, 이라크, 그리고 북한 세 국가입니다. 거기에 시리아, 리비아, 쿠바, 아프가니스탄을 합쳐서 일곱 개의 '불량국가 또는 깡패국가'(Rogue states)를 국제사회의 적으로 규정합니다. 미국은 이 깡패국가들에서 민주화가 이루어져야 독재자들이 사라지고 진정한 세계평화가 온다는 전제하에 전쟁을 시작합니다. 그렇게 일어난 전쟁이 아프간과 이라크 전쟁이었던 것입니다.

그리고 9·11 테러부터 7년 후, 균열을 보이던 미국 패권체제를 거세게 흔드는 중요한 사건이 또 하나 일어납니다. 2008년의 세계 금융위기입니다. 리먼 브라더스 사태가 일어나면서 월스트리트가 폭삭 내려앉습니다. 첫 번째 전환점이었던 9·11 테러가 미국에 심리적인 타격을 입히고 대외 정책을 변화시켰다면, 2008년의 금융위기는 소련을 붕괴시킨 자본주의가 드디어 그 모순의 폐해를 실제로 드러내는 사건이었습니다.

자기 돈도 아닌 남의 돈으로 돈 장사를 한다고 하여 보통 은행업을 대동강을 팔아먹었던 '봉이 김선달' 같다고들 하는데요. 은행은 예금과 대출의 이자율 마진 차이를 가지고 수익을 내는 구조입니다. 최대 네배까지 이익을 볼 수 있다고 말합니다. 그것을 전문용어로 레버리지(leverage)라고 칭합니다. 네배면 400%인데요, 제조업은 많아야 40~50%의 이익을 남긴다고 하니 그 격차가 엄청납니다. 그런데 이 금융산업의 돈놀이 기술이 점점 발전하면서 더 많은 수익을 내는 수단을 개발했고, 리먼 브라더스라는 투자회사는 그를 이용해 40배, 즉 4000%까지 이익을 보았습니다. 문제는 이렇게 돈을 불리는 과정이 도박처럼 막연한 이익에 기대는 투기에 가까웠다는 것입니다.

제조업처럼 실제 자산가치가 있는 것도 아닌데, 미래의 금융가치라는 허상에 투자가 아닌 투기를, 그것도 남의 돈을 빌려서 하다가, 어느 순간 투자가치에 의심이 생기자 자본을 경쟁적으로 빼기 시작하면서 넘쳐나던 돈은 연쇄적으로 유동성 위기를 겪습니다. '모든 사람이 동시에 돈을 찾지 않는다'는 전제가 깨지고 대규모 예금 인출 폭주 사태인 뱅크런(bank run)이 일어나게 된 겁니다. 세계적 투자의 귀재 워런 버핏(Warren

Buffett)은 2003년에 이미 주주들에게 "파생상품은 금융계의 대량 살상무기입니다"라는 내용의 편지를 보내기도 했다지만, 당시만 하더라도 각종 금융 파생상품은 엄청난 수익률을 자랑하며 '황금알을 낳는 거위'로 통하던 때였습니다.

금융투자에 대한 거품이 내려앉으면서 은행과 투자사들이 줄도산했고 국가들조차 파산의 위험에 빠지게 됩니다. 이런 와중에도 고액의 연봉을 챙긴 은행 경영진들, 이들의 이익을 챙겨준 금융당국, 로비로 멍든 신용 평가기관 등이 모두 자신의 이익을 앞세워 금융위기를 일으키는 데 한몫했습니다. 그리고 위기가 감지되자 먼저 손절하면서 빠져나갔습니다. '손실은 사회화하고 이익은 사유화한다'는 은행들의 이기심으로 대다수 서민들이 가장 큰 희생을 당하게 됩니다.

프랑스의 저명한 경제학자 모리스 알레(Maurice Allais)는 자본주의란 결국 카지노 자본주의로, 즉 도박과 다를 것이 없다는 얘기를 했었습니다. 처음 자본주의가 시작될 땐, 제조업을 통해 일자리를 만들고 적당히 이익을 챙기는 모습을 보이죠. 점점 이윤을 내기 위해 자본이 IT업계로, 서비스업으로, 제3차 산업으로 가다가 결국 금융업까지 가게 되면 이윤은 커지지만 소득격차가 벌어지고 경제 자체가 불안해집니다. 이 문제가 쌓이다 마침내 2008년에 터져버린 겁니다.

　자본주의의 문제점이 곪아 터져버렸으니 체제가 무너져야 맞겠죠. 그런데 자본주의의 대안이 없었습니다. 이때 해결을 모색하며 만들어진 것이 지금 우리나라도 참여하고 있는 G20(미국 중국 등 19개의 주요 국가와 2개의 국가연합을 더한 20개의 국가 및 지역 모임)입니다. 금융위기로 막대한 피해를 입은 기존의 선진국인 G7(미국 일본 독일 영국 프랑스 이탈리아 캐나다)이 위기를 느끼자 더 많은 나라를 포함하는 방향으로 글로벌 협력을 확대해 충격을 분산시키려고 한 것이죠. 그리고 이것이 가능했던 바탕에는 중국이라는 나라의 비약적인 성장이 있었습니다. 사실상 중국이 세계 금융위기의 충격을 흡수해준 덕분에 자본주의가 다시 살아난 셈입니다.

　이를 통해 미국은 다시 냉전 직후의 질서를 어느정도 회복합니다. 그럼 미국은 중국에 고마워할 법도 한데, 그보다는 중국이 이렇게 강해졌다는 데 큰 충격을 받습니다. 미국은 2008년까지 테러와의 전쟁에 온 힘을 쏟는 바람에 중국을 견제하지 못했고, 근 10년 동안 중국이 급부상했던 것이죠. 그러면서 반대로 미국은 최고의 전성기에서 점차 내려가기 시작합니다. 안보적으로 2001년 9·11 테러, 경제적으로 2008년 금융위기를 거치면서요. 그 결과가 2016년 트럼피즘(Trumpism)을 탄생시킵니다.

신냉전이 아니다, 파편화다

금융위기가 발생한 지 8년이 지난 2016년에는 우리가 말하는 서구, 선진국이었던 유럽과 미국에서 사건이 하나씩 발생합니다. 유럽에서는 브렉시트(Brexit), 즉 영국이 EU(유럽연합)에서 떨어져나가는 일이 벌어졌고 미국에서는 트럼프가 대통령으로 당선됩니다. 이 두가지 사건은 본질적으로 똑같습니다. 실제로 구호도 '미국/영국을 다시 위대하게'로 같았습니다.

영국은 유럽 대륙의 바깥에 있고 항상 발을 조금 빼고 있었지만, 실제로는 유럽의 패권을 쥔 세 국가(영국 프랑스 독일) 중 하나입니다. EU는 국가의 구별이 없어지는 세계화의 최첨단 현상이라고 할 수 있습니다. 하나의 국가가 되는 것만큼 세계화를 잘 보여주는 것이 없기 때문이죠. 유럽은 1945년부터 끊임없이 경제와 화폐를 공유하다가 1990년대에 이르러 거의 하나처럼 되었습니다.

물론 우리가 말하는 하나의 국가로 보기에는 어렵습니다. EU는 경제적으로는 상당 수준으로 통합되어 있지만 정치적 통합은 한계를 뚜렷하게 보입니다. 예를 들면 공동의 외교정책이나 국방정책은 모든 회원국이 합의해야 하므로 정치적 이해관계가 충돌할 때 정책이 지연되거나 중단됩니다. 그럼에도 불구하고 EU 자체는 세계화 진전의 상징이었습니다. 그런데 통합으로 전진을 계속해오던 유럽이 처음으로 심각한 후퇴를 겪은 것이 바로 영국의 탈퇴, 브렉시트입니다. 세계화의 역전 현상이라고도 할 수 있겠지요.

같은 해인 2016년 대서양 건너편 미국에서도 매우 유사한 사건이 일어나는데 바로 트럼프가 미국의 대통령이 된 것입니다. 트럼프의 당선 후, 미국 역시 본격적으로 세계화에 역행하는 움직임을 보입니다. 중요한 사실은 각종 국제기구와 자유주의 국제질서를 만든 장본인이 바로 미국이라는 것입니다. 자신이 만든 기구와 질서로 인해 오히려 불리해졌으니 거기서 빠져나오거나 무력화시켜버리겠다는 이야기를 하는 셈입니다. 미국 경제에 손해만 끼친다며 WTO(세계무역기구)에 기금도 내지 않고 자유무역체제를 부정하고, 멋대로 관세를 부과하는 상황이 대표적입니다. 트럼프 1기에서는 중국 같은 특정 국가와 상품에 선별적으로 관세를 부과했지만, 2기에 와서는 전세계를 대상으로 관세 부과에 나섬으로써 보호무역주의를 한층 강화합니다.

무역만이 아닙니다. 트럼프는 2020년 본격적으로 시작된 코로나19 팬데믹에 대한 대응부실과 친중 성향을 문제 삼으며 WHO(세계보건기구)에서 탈퇴하겠다고 여러차례 위협한 바 있습니다. 그리고 2025년 2기 임기를 시작하자마자 이틀 만에 WHO에 탈퇴를 공식 통보합니다. 미국이 WHO 예산의 상당 부분을 부담하는 최대공여국이라는 점에서 이는 국제보건 협력 시스템에 큰 문제를 초래합니다. 파리기후협약에서 탈퇴한 것 역시 마찬가지입니다. UN도 예외가 아닙니다. 가자사태와 러시아-우크라이나 전쟁을 포함해 세계에서 벌어지는 여러 분쟁에 있어서 UN의 존재감 역시 완전히 사라졌습니다. 트럼프 정부 일각에서는 아예 UN에서까지 탈퇴하자는 주장이 나오는 상황입니다.

팍스 아메리카나는 민주주의, 시장자본주의, 국제협력에 기반을 두고 만들어져 지난 30여년을 이끌어왔습니다. 미국의 주도하에 구성된 세계화 질서는 불평등을 포함한 문제점에도 불구하고 우리가 충분히 공감을 할 수 있었던 가치들을 내세우고 있었고, 그래서 국제사회가 미국이 세계를 지배하는 것에 대해 큰 반발이 없었습니다(물론 미국과 대립하는 이른바 '깡패국가들'은 제외하고요). 그런데 이 시스템이 미국에 의해 붕괴하고 있는 것입니다.

지금까지 미국에 이익을 줬던 국제 협력체제 혹은 세계화 구조가 더이상 도움이 되지 않는다고 판단한 미국은 이제 자의적으로 규칙을 바꾸고 있습니다. 미국이 여태 내세웠던 수많은 가치들이 거의 다 뒤집히고 있습니다. 그동안 최소한 겉으로는 자유, 평등, 민주주의, 환경 등의 가치를 내세우며 세계화 시대의 패권을 유지했는데 이제 그 시대가 저물어버린 겁니다. 이런 시대 변화의 엔진인 동시에 결과물이 트럼프이고, 트럼피즘입니다.

트럼피즘은 세가지 차원으로 구성되어 있습니다. 첫번째는 앞에서 말한 미국 우선주의로 국제협력을 지향하는 자유주의 국제질서를 무너뜨리고 미국의 이익을 중시하는 차원입니다. 두번째는 백인 우선주의를 포함합니다. 트럼프 1기에도 만연했던 인종차별주의는 미국만의 문제가 아니었습니다. 전세계를 휩쓸고 있는 반(反)난민과 반이민의 인종주의와 깊이 연결된 것이며, 트럼프 2기는 이를 더욱 강화하는 추세입니다. 당선 직후 연단에 올라선 캠프 인사들, 이후 트럼프정부의 지명자들, 그리고 극우 뉴스 채널의 앵커들을 보면 백인 일색입니다. 아주 가끔 유색인종이 있지만, 기본적으로 미국에서 위협받는 백인의 주도권을 다시 잡겠다는 인종주의가 깔려 있습니다. 즉, 미국의 주인은 백인인데, 유색인종이 이를 빼앗아가려 한다는 프레임을 강조해왔고, 백인들은 엄청나게 호응해왔습니다.

세번째는 트럼프 개인 차원의 우선주의입니다. 이 말의 의미는 MAGA(Make America Great Again, 트럼프의 선거 구호)의 실천 방식이 매우 권위주의적이고, 심지어 독재적이라는 것입니다. 미국의 민주주의 제도를 무시하고 트럼프라는 한 권력자가 대내외 중대사를 결정하는 것입니다. 트럼프는 의회를 통하지 않고 행정명령을 남발합니다. 대통령에 취임하고 하루 동안은 독재자가 되고 싶다고도 말했습니다. 헌법적으로 불가능한 3선도 하고 싶다고 말합니다. 미국의 보수성향 싱크탱크인 헤리티지재단(The Heritage Foundation)에서 트럼프 재집권을 예상하고 1기 정부인사가 다수 참여해 2022년 발간한 보고서 『프로젝트 2025』에서는 2기 트럼프정부는 공무원들의 충성도를 테스트해서 쉽게 해고하거나, 통제를 강화하는 계획을 갖고 있다고 밝힌 점도 주목해야 합니다. 실제로 일론 머스크

(Elon Musk)를 내세워 연방공무원들을 무차별 해고하기도 했습니다.

세가지 차원의 중심주의를 입체적으로 함께 봐야 트럼프 2기를 제대로 이해할 수 있어요. 여기서 중요한 건 트럼프의 일방주의를 견제하고 균형을 맞춰줄, 국제정치의 질서를 고려하며 정치적으로 올바른 선택을 이끌어줄 미국 내 세력이나 국제적 대항 세력이 없다는 겁니다. 그런 점에서 트럼프가 세계질서를 더 혼란하게 흔들어댈 수 있습니다. 트럼프의 지향은 사회를 분열시키고, 우리가 인류문명이라 믿어온 평등 같은 주요 가치를 위기에 빠뜨릴 수 있다는 점에서 문제가 심각합니다.

그래서 팍스 아메리카나가 끝난 지금이 어떤 시대냐고 묻는다면 한쪽에서는 '신냉전'이라고도 합니다. 과거 미국과 소련의 대립이 냉전이라면, 지금은 미국과 중국이 부딪치면서 세계를 양분한다는 것이죠. 그런데 실제로 미중이 패권 경쟁을 하고 있긴 합니다만 신냉전이라고 하기에는 뭔가 딱 들어맞지 않아요. 지금 시기가 냉전의 부활이 되려면, 먼저 세계를 양분해야 하고 이념적으로 달라야 하고 진영이 분명히 나뉘어 있어야 합니다. 미국과 소련은 (물론 핵전쟁의 공포는 컸습니다만) 아주 안정적으로 분리되어서 서로를 상관하지 않고 지냈습니다.

그런데 지금 미국과 중국은 너무 얽혀 있어요. 중국이 공산당 지도체제를 유지하고 있지만, 자본주의 경제체제입니다. 미국보다 권위주의적이지만 이념 대결이라고 보기는 어렵잖아요.

미국에 월마트라는, 서민층이나 중산층이 많이들 애용하는 큰 슈퍼마켓이 있습니다. 그곳의 제품들도 절반 이상이 '메이드 인 차이나'입니다. 미국이 안보적으로 중국과 충돌하지만, 역설적으로 매년 미국과 중국의 무역액은 사상 최고치를 경신해가고 있습니다. 아이러니합니다. 이렇게 중국을 벗어나지도 못하면서 싸운다? 앞뒤가 안 맞는 얘기죠.

게다가 러시아의 존재도 간과할 수 없습니다. 러시아가 경제력으로는 중국과 미국 두 나라에 못 미치지만 막강한 핵무기를 보유한 군사력으로 세계를 다시 삼분할 가능성이 있습니다. 2022년 2월, 러시아-우끄라이나 전쟁이 일어났죠. 러시아는 주변 국가들부터 시작해 중앙아시아 그리고 북한까지 하나의 진영을 이루는 세력권을 만들고 있습니다.

'신냉전'은 미중 패권 경쟁을 일컫는 자극적인 용어이긴 하지만 지금은 과거의 냉전과는 전혀 성격이 다르다고 생각합니다. 오히려 지금 세계를 설명하는 가장 정확한 용어는 이것일 겁니다. '파편화'(fragmentation). 이 말의 기원은 정치철학자 홉스(T. Hobbes)로 홉스가 당시의 영국 정치를 설명했던 단어가 '적자생존'입니다. 협력이 아닌 공포의 세계 속에서 가장 힘센 자가 가장 많이 갖게 되는 적자생존, 즉 만인의 만인에 대한 투쟁이 오늘날 일국뿐만 아니라 국제정치에서도 작동하고 있습니다. 따라서 파편화 현상은 곧 각국이 생존과 이익을 최우선으로 하는 질서를 말합니다. 국가 간 협력을 위한 타협이 없어지고 각자도생의 세상으로 타국의 이익이 자국에는 손해가 되는 네거티브 섬 게임(negative-sum game)의 처절한 경쟁의 시대가 된다는 뜻입니다. 이처럼 국가주의와 배타적 민족주의가 만연하면 경제적 분쟁은 물론이고, 무력 충돌 가능성도 커집니다.

시장 자본주의의 폐해로 양극화가 극심해지고 이를 제어하는 제도들이 다 무너지면서, 사람들의 불안과 불만이 높아지기 시작하자 생겨난 현상들 중 하나가 안보 포퓰리즘입니다. 이런 불안을 이용하는 자들이 나타나는데, 그런 사람들을 '(극우적) 스트롱맨'이라고 합니다. 내부적으로는 문제를 해결하기보다 이민자나 난민, 소수자들에게 덮어씌우고, 대외적으로는 불안을 조장하고 민족주의 감정을 호소하면서 외부 세력을 혐오하게끔 만듭니다. 혐한, 혐중, 혐일 현상들이 그런 것이죠.

아베 신조(安倍晋三), 시 진핑(習近平), 뿌찐(V. Putin), 트럼프, 윤석열, 다 비슷한 부류들이라고 볼 수 있겠습니다.

유럽에서도 스트롱맨들이 세력을 과시하기 시작하고 진영화, 블록화를 통한 선동 전략이 먹히기 시작합니다. 그러면서 과거에는 이민자들을 포용했던 국가들이, 이젠 먹고살기 힘드니까 이민자들에 대해 불만을 표출합니다. 반이민, 반난민과 같은 현상들이 전세계로 퍼지고 있죠. 더불어 권위주의 정치가 팽배해집니다. 독재자들이 힘을 발휘하고 선동합니다.

대한민국을 대입하면 이해하기 쉬워집니다. 우리나라는 개방형 통상국가로 자리매김하며 번영·발전 해왔습니다. 오랜 역사에서 대륙국가와 해양국가 사이 끼인 상태로 800여회가 넘는 침략을 당해왔죠. 그러나 세계화로 인한 자유무역과 국제협력의 질서가 반도라는 한국의 지정학적 어려움을 최소화했습니다. 해양과 대륙의 연결고리가 되기도 했습니다. 그런데 지정학이 부활하여 대륙의 패권국가와 해양의 패권국가가 경쟁하면 한반도는 대결의 최전선이 되는 것입니다.

파편화가 심화하면 초래되는 결과가 전쟁입니다. 이전까진 팍스 아메리카나가 유지되면서 전쟁은 잘 일어나지 않았습니다만 이젠 상황이 바뀌었습니다. 세계적으로 전쟁의 불씨가

도사리는 화약고 네곳을 자주 거론합니다. 유럽, 중동, 한반도, 대만. 이중 유럽의 러우 지역과 중동의 가자지구에서는 이미 전쟁이 일어났고요, 한반도와 대만은 위기가 상존합니다.

인류의 역사 5천년을 보면 늘 전쟁이 있었고 전쟁이 없었던 시기는 다 합쳐봤자 200년도 채 되지 않는다고 합니다. 그러니까 전쟁이 정상이고 전쟁이 없는 상태가 비정상이라고 생각할 수도 있지만, 문제는 인류문명과 제도가 고도화되고 국제 협력체제가 생겨난 이후에 발생한 전쟁인데도 이를 막을 방법이 거의 없어졌다는 겁니다. 게다가 전쟁에 반대하는 논리도 평화가 아니라 각 국가의 이익에 따라 결정되고 있고 국제기구나 시스템은 영향력을 발휘하지 못해 전쟁을 평화로 이행하는 방법이 다 멈춰버렸습니다.

이렇게 가면 그야말로 각자도생의 시대, 전쟁이 쉽게 일어나는 시대가 될 것입니다. 지금 벌어지는 전쟁의 다음 차례는 대만이, 그다음 차례는 한반도가 될 수도 있는 위험이 지금의 이 격변기에 도사리고 있습니다. 트럼프에 의해서 벌어지는 관세전쟁도 같은 맥락에서 협력은 사라지고, 치열한 보호주의의 대결 시대로 가게 만들 것입니다. 지금 상황을 1차 세계대전과 2차 세계대전 사이의 전간기 상황과 비교하기도 합니다.

1914년 1차 세계대전이 끝나고 난 후 10년 만에 관세전쟁이 일어나고 대공황이 닥치면서 결국 2차 세계대전 발발로 이어졌다는 사실을 우리 모두 알고 있지요.

분열된 나라: 똑 닮은 미국과 한국

미국 내부 얘기로 넘어가보겠습니다. 아시다시피 미국의 공식 명칭은 USA(United States of America, 미합중국)라고 합니다. 근데 요새 미국 내에서 유행하는 말이 DSA(Dis-united States of America)입니다. 번역하자면 '미분열국'이 되겠네요. 극단적인 두 진영으로 분열된 미국 사회의 현실을 적나라하게 보여줍니다. 한국도 매우 유사합니다. 제3지대, 중도 그리고 포용 같은 것들이 존재하지 않습니다. 유럽도 비슷하지만 아직은 완충이 있는데, 한국과 미국은 그 완충지대가 전혀 없다고 볼 수 있습니다. 저는 사실 우리나라가 제일 닮지 않았으면 했던 게 미국의 정치 문화와 정치 구조입니다.

유럽을 살펴보면 프랑스나 독일에서는 극우가 등장하면서도 아직까지 정권을 잡지 못하는 이유 중 하나가 정치 구도 때문입니다. 프랑스의 대통령 선거는 1차 투표에서 50% 이상의

득표율을 얻은 단일 후보자가 없는 경우, 2차 결선 투표를 통해 1, 2위 후보가 경합하는 방식으로 치러집니다. 2024년에는 극우당인 국민연합(RN)이 1차 투표에서 전체 1등을 하기도 했습니다. 그런데 2차 투표에서 프랑스에 극우가 집권하면 안 된다며 연대를 해서 뒤집어버렸죠. 이런 게 사실 다당제 또는 다원화된 민주주의의 힘이거든요. 2025년 초 독일 총선에서도 같은 일이 일어났습니다.

    그런데 미국의 경우 끝내 트럼프를 대통령으로 선출한 것입니다. 트럼프는 지금까지 인류가 쌓아올린 질서와 문명을 완전히 흔들어버리는 매우 해로운 존재입니다. 다양성과 포용성을 함양하는 정부 정책들을 폐기하고, 인종차별적 발언을 불사하며, 불법 이민자들을 추방하기 위해 군을 동원하는 등의 반인권적인 행태를 숨기지 않습니다. 지난 45대 대통령 임기 동안 그는 네 건의 형사사건에서 총 91개 중범죄 혐의로 기소되었을 뿐만 아니라, 실제로 2023년 3월 성추문 은폐성 돈 지급 사건은 유죄까지 받았습니다. 의회를 무시하고 행정 권력을 남용함으로써 민주주의의 삼권분립을 훼손합니다. 일론 머스크를 시켜 연방공무원들을 원칙이나 기준 없이 무차별적으로 해고합니다.

트럼프의 인종주의는 재론의 여지가 없습니다. 1기 정부 당시 버지니아 샬러츠빌에서의 백인 극우단체에 의한 유혈사태에서 그들을 변호했습니다. 2024년 말 대선에서도 푸에르토리코를 "떠 있는 쓰레기 섬"이라고 불렀고, "아이 만드는 것을 좋아한다"라는 둥 히스패닉계를 조롱했습니다. 또한 대선 경쟁자였던 해리스(K. Harris)의 인종에 대해 "그녀가 인도계인지 흑인인지 모르겠다"라면서 비하했습니다.

지금까지 우리가 따라왔던 사회의 가치나 제도에 의하면 트럼프는 절대로 대통령이 돼서는 안 되는 사람이고, 사생활부터 정치적 행보에 이르기까지 수많은 면에서 미국 대통령으로서 자격부족인데 왜 트럼프는 대통령이 됐을까요? 바로 미국의 정치 문화와 분열되고 양극화된 진영 때문입니다. 이게 한국에서도 그대로 나타나고 있고요. 윤석열의 명백한 내란에도 불구하고 여전히 그 편에 속한 사람들이 내란을 옹호하고, 파면 이후 조기 대선에 후보를 낼 생각을 하고 정권 연장을 꿈꿀 수 있는 것도 이 때문입니다.

미국도 한국도 피해는 고스란히 국민에게 돌아갑니다. 민주주의는 국민을 섬겨야 하지만, 극우세력은 사적 권력을 유지하기 위해 혐오와 차별을 활용합니다. 사회적 약자와 소수자들을 희생양 삼고 기득권에 영합하는 체제를 강화합니다. 한국에서 내란 반대편 시민들의 저항에서 사회적 약자와 소수자들의 호소가 두드러지는 이유이기도 합니다. 강자가 약자를, 우월한 자가 열등한 자를 지배하는 것이 당연하다는 파시즘의 논리가 과거 히틀러에서, 그리고 현재 미국과 한국에서 그대로 반복되고 있는 것에 주목할 필요가 있습니다.

트럼프의 부상, 이른바 트럼피즘의 추동력은 패권 지위 상실에 대한 강박증이라고 볼 수 있습니다. 미국 사회에서 백인 패권, 국제사회에서 미국 패권의 상실에 대한 공포가 배경입니다. 백인들은 자신들이 미국의 주인, 세계의 주인이라고 생각합니다(이 현상은 유럽에서도 마찬가지입니다). 그런데 생각지도 못했던 중국이 급부상하자 본인들의 지배력을 빼앗길 수 있겠다는 공포감이 생겼고 이를 미중 경쟁의 격화 같은 식으로 표현하고 있습니다. 같은 논리로 내부적으로는 이민자나 난민, 무슬림 등이 백인 기득권을 무너뜨리고 있다고 생각하여 그들을 배척합니다.

예를 하나 들어볼게요. 미국 세차장에서 한 백인 청년이 손 세차를 하고 있습니다. 그곳에 흑인이나 아시아계가 벤츠를 몰고 들어옵니다. 백인 청년이 차를 닦습니다. 자본주의 국가에서 너무나도 당연한 일이고, 신분에 따른 것이 아니라 돈을 받고 제공하는 서비스입니다. 그런 기회균등은 미국이 자랑하던 가치였습니다. 또한 미국이 지금의 부와 힘을 가지는 데 흑인은 물론이고, 아시아, 남미 출신의 유색인종 이민자들의 공이 큰 게 사실이고요. 그런데 백인 노동자들은 이를 미국의 원래 주인인 백인에 대한 유색인종의 위협이라고 주장하는 것입니다. 트럼프는 이를 120% 활용하고 권력을 위해 선동하고 있지요.

사실 따지고 보면 백인 노동자들도 세계화의 피해자입니다. 기득권 지배층은 산업구조 변화에 재빨리 적응하거나 흐름을 선도하며 부자가 되었지만, 백인 노동자들은 소득이 줄어들고 일자리를 잃게 됩니다. 산업구조는 점점 첨단화되는 반면 고용창출은 줄어듭니다. 앞에서 설명한 금융위기를 떠올려 보면 이해할 수 있습니다. 금융업의 호황을 통해 소수 자본가들은 극단적으로 배를 불리는 반면, 상대적으로 노동자들의 소득은 줄고 일자리는 사라졌습니다. 그 옛날 제조업에서 그나마 누리던 고용창출과 안정성이 위험해졌습니다.

공포를 빌미로 한 극우세력의 선동과 세계화 물결의 유탄을 맞아 가난에 빠졌던 백인들의 좌절감이 결합하게 된 것이 지금 미국입니다. 2016년 트럼프와 힐러리(Hillary Clinton)의 대결에서 승부를 결정했던 '러스트 벨트'(Rust belt) 변수가 그것입니다. 미국의 부와 영광의 주역이었던 미국 동북부의 자동차, 기계, 철강 산업이 경쟁력을 잃으면서 노동자들은 실직하고 가난의 굴레에 빠져들었습니다. 바삐 돌아가던 컨베이어 벨트에 녹(rust)이 슬었다는 의미의 말입니다. 그런데 트럼프는 이를 정치적으로, 인종적으로 선동합니다. 난민이나 유색인 불법 이민자가 몰려들어 백인들의 일자리를 빼앗고, 위선적 진보인 민주당이 공모했다고 주장했습니다. 노동자는 전통적으로 민주당의 지지층이었는데 이를 뒤집고자 한 전략이었고 결국 성공했습니다.

우리나라도 보면 기득권과 극우 정부가 서민들과 저소득층의 지지를 받는 경우를 찾아볼 수 있지요. 이들이 권력을 잡기 위해 주로 공격하는 것은 공산주의 프레임입니다. 사실 공산주의는 이미 사라진 경제시스템이고 중국이나 북한도 한때 그 이념을 따랐을 뿐이지 지금은 더이상 공산주의 국가가 아니라 권위주의 혹은 독재 국가라고 보는 것이 더 정확합니다. 미국도 마찬가지고 한국 역시 공산주의 사상을 가진 사람들은 여전히 있지만, 영향력 있는 정치세력은 없음에도 마치 국내 공산주의의 책동과 북한의 적화야욕이 연합하여 자유대한민국을 망하게 한다는 식의 선동이 판을 칩니다. 진짜 공산주의의 위협이 있는 것이 아니라 국민이 가지고 있는 전쟁의 기억과 '빨갱이 콤플렉스'(Red complex)를 자극해 공포를 조성하는 겁니다.

가상의 적을 만들어서 울분과 불만, 불안을 덮어씌우고 적대시하면 권력을 빠르게 잡을 수 있습니다. 문제를 해결하는 실질적인 방안을 내거나 좋은 대안을 논의하고 발전시키는 과정은 너무 오래 걸리고 밖으로 표도 잘 안 나니까요. 따라서 이 불안의 과도기에서 사적 권력을 가장 쉽게 얻을 수 있는 방법은 선동 그리고 선동할 수 있는 적을 만드는 것이고, 그 적을 공격하는 것입니다. 이게 한국과 미국에서 가장 많이 나타나는, 잘못된 정치입니다.

특히 진영 안에 숨어서, 그 진영이 어떠한 잘못을 해도 정치적 경쟁력을 유지하는 건 최악입니다. 지금 미국이 바로 이런 양상을 보이고 있는데, 이는 미국이 자기 패권이 하락하는 것을 복구하려다가 오히려 힘과 영향력을 잃어버리는 전조 현상으로 볼 수 있습니다. 자신이 만들었던 기존의 규칙을 바꾸는 것은 바로 미국 자신의 패권을 포기하겠다는 의미가 되니까요. 트럼프 1기에는 탈냉전기 만들어졌던 미국의 단극패권을 허무는 데 주력했다면, 2기는 1차 세계대전 직후부터 미국이 앞장서서 구축한 질서까지 흔들고 있습니다. 뉴욕타임스는 칼럼을 통해 "미국이 80년간 애써 구축해오던 질서를 (트럼프는) 단 50일 만에 무너뜨렸다"라고 평가하기도 했습니다. 여전히 미국이 세계 최강이지만 세계 전체를 이끌 패권적 능력은 물론이고 의사조차 없으며 국가 이기주의로 가겠다고 작정했다는 것이 문제입니다.

트럼프의 외교 전략: 각개격파와 삥 뜯기

그렇다면 트럼프의 외교 전략은 어떠할까요? 트럼프의 세계관에서 한국과 일본, 유럽 등 미국의 기존 우방국들은 미국에 이른바 '빨대를 꽂아' 피를 빠는 존재들입니다. 실제로 트럼프는 이들 국가를 '거머리'라고 표현한 적도 있습니다. 과거 소련, 현재는 중국의 위협과 대응으로부터 미국이 제공하는 안보 우산을 공짜로 이용하고, 경제적으로는 불공정한 무역으로 막대한 이득을 챙긴다는 것입니다. 미국이 적자를 보고 있는 상위 10개국 중, 중국은 1위, 우리나라는 8위입니다. 미 상무부 경제분석국(BEA) 자료에 따르면 2024년 기준, 한국은 약 660억 달러의 대미 흑자를 냈습니다. 이 10개국 명단을 살펴보면, 중국을 제외하곤 캐나다, 멕시코 등 전부 전통적인 미국 우방국들입니다.

그래서 트럼프가 외치는 것이 '페이백 타임'(Payback

time), 지금까지 미국을 상대로 이득을 보았던 것을 다 정산할 때라는 겁니다. 이 정산을 위한 수단이 바로 관세 부과입니다. 자유무역(free trade)이 아니라 공정무역(fair trade)을 하자면서요. 물론 그 공정 여부는 미국이 일방적으로 정하는 것입니다. 우리로서는 동의할 수 없죠. 미국이 지금까지 한국으로부터 가져간 이익도 크니까요. 그러나 트럼프는 상황을 아주 단순화해서 미국이 지금까지 일방적으로 당했고, 특히 우방국한테 당한 것을 참을 수 없다고 주장합니다. 친하면 친한 만큼, 미국을 상대로 이익을 보았으면 그만큼 미국에 관세도 내고 투자도 하고 무기도 사라는 말이지요.

트럼프 1기가 끝나고 집권한 바이든(J. Biden)은 트럼프의 이러한 우방국에 대한 정책을 비판하며 '보호비 갈취'(Protection Racket)라는 말로 표현하기도 했습니다. 영화나 소설을 보면 마피아가 자기 구역을 정하고 상인들을 보호해준다는 명목으로 돈을 뜯어가는 장면을 볼 수 있지요. 미국 내에서조차 바이든정부가 트럼프정부를 그렇게 정의한 것입니다.

일례로 트럼프는 2기 정부를 출범한 직후 우끄라이나에 대한 바이든정부의 정책을 완전히 뒤집습니다. 바이든은 명분 때문에 또 유럽의 안정을 위해서 러시아와 전쟁 중인 우끄라이나를 계속 지원했는데요. 트럼프가 재등장하면서 종전을 언급하자 불안해진 젤렌스끼(V. Zelensky)가 트럼프를 찾아갑니다. 우끄라이나가 미국에 부족한 광물을 굉장히 많이 보유하고 있으니 계속 도와달라는 부탁을 했죠. 그러나 트럼프는 향후 지원에 대한 언급은 없이 지금까지 도와준 데 대한 대가를 요구하며 자원 개발 이익을 미국과 공유하자는 협정 체결을 제안했습니다. 우끄라이나의 핵심 요구인 안보 보장은 명시하지 않고, 미국 기업들이 들어가서 일하면 러시아가 공격하지 않을 것이므로 자연스럽게 안전 보장이 될 것이라고 주장하면서요. 협정에 따르면 우끄라이나가 향후 원유 및 가스를 포함한 국영 광물자원 개발로 벌어들일 수익의 50%로 기금을 만드는데, 일부는 우끄라이나 재건에 쓰이고 일부는 미국이 가져가게끔 되어 있습니다. 여기서 중요한 미국의 의도는 지금까지 도와준 값을 정산하라는 것이고, 도움을 받으려면 더 내놓으라는 것입니다. 당연히 비합리적이지만 트럼프의 세계관에서는 다 말이 되는 일입니다. 또 침체하는 패권이라 할지라도 미국이 가진 지금까지의 영향력으로는 그렇게 할 수도 있을 겁니다.

일본의 사례는 어떨까요. 수상 이시바(石破茂)가 발 빠르게 미일 정상회담 등을 통해 미국산 LNG 수입, 대미 투자와 철강 관련 기술 제공 약속, 일본 국방비 인상 등의 당근을 제공하기로 약속했지만, 돌아온 것은 여전히 상품 및 상호관세 부과였습니다.

우리나라의 과거를 돌아봐도 비슷했습니다. 미국의 무기를 구입하고 주한미군 방위비 분담금을 올려주면 미국이 관세를 부과하지 않을 것이라 기대했지만 그렇지 않았죠. 이제 트럼프는 더욱 심해진 셈입니다. 방위비 분담금을 더욱 올려준다고 약속해도 관세는 여전히 때립니다. 트럼프의 미국에 양보했다고 해서 양보를 기대할 수 없고, 오히려 더 많은 요구를 받게 되는 것입니다. 이것이 트럼프가 미국의 대통령이 된 비결, 지금 권력을 유지하는 가장 큰 비결이라고 할 수 있습니다. 이처럼 트럼프의 동맹 정책은 철저하게 거래주의로 이루어질 것입니다.

다른 국가들이 트럼프의 협박에 일단 저항하면서 보복을 얘기하지만 실제로는 고개 숙이고 무릎 꿇는 경우가 많습니다. 트럼프의 비결은 상대국들이 연대하지 못하도록 미국과 일 대 일로 만나게 하는 것입니다. 한미일을 묶고 유럽을 묶고, 심지어 NATO(북대서양조약기구)와 한미를 묶으려고 했던 바이든의 방식과는 정반대죠. 소위 말하는 자유주의 진영의 연합을 추구한 바이든과 달리 트럼프는 오히려 미국과의 일 대 일 외교, 각개격파를 통해 미국이 가진 힘을 가장 잘 발휘할 수 있다고 주장했습니다.

트럼프가 국제정치를 바라보는 관점을 제대로 이해하기 위해 조금 더 깊이 들어가보겠습니다. 이 시대의 큰 화두 중 하나인 미국 패권과 미중 경쟁에 관한 트럼프의 견해를 두고 전문가들 사이에도 오해가 많은 것 같습니다. 트럼프는 분명 미국의 쇠락을 걱정하고 '미국을 다시 위대하게 만들겠다'라고 외칩니다. 사실 트럼프만 그런 걱정을 하는 것은 아닙니다. 오바마(B. Obama)나 바이든 역시 압도적이었던 미국의 위상이 갈수록 하락하는 것을 우려했고 핵심 원인으로 중국의 거센 도전을 지목했지요. 중국의 부상에 대한 위협감은 미국 사회 전반에 흐르는 기류입니다. 때로는 중국이 가진 실제 위험성보다 더 과장된 공포가 존재합니다.

하지만 중국으로 인해 높아지는 긴장을 해결하는 방법에 있어서는 여러 주체가 제각기 다른 생각을 가지고 있는데요. 먼저 오바마와 바이든처럼 자유주의자(Liberalist)들은 가치나 이념적인 문제에 집중합니다. 예를 들면, 중국 러시아 북한 이란 등 권위주의 진영의 결속을 미국의 최대 위협으로 봅니다. 그래서 2차 세계대전 이후 미국이 이끌었던 자유주의 진영의 단결을 통해 권위주의 국가들의 도전을 막아내는 것이 곧 미국의 부활이라고 봅니다.

그리고 현실주의자(Realist)들이 있습니다. 전통적 공화당의 주류를 이루는 이들은 자유주의자들과는 달리 철저하게 국익에 기초한 미국의 대외정책을 주장합니다. 그런데 이들 역시 중국의 부상을 곧 미국과의 패권충돌로 이어질 것이라고 해석합니다. 국제정치는 강대국들이 끊임없이 권력을 추구하는 무한경쟁의 장이라고 보지요. 따라서 중국과의 패권경쟁, 심지어 충돌은 필연적이므로 힘의 극대화를 통해 중국을 제압해야 한다고 봅니다.

미국의 대외정책에 영향을 끼치는 또 하나의 관점은 네오콘(Neo Conservatives, 신보수주의자)의 세계관입니다. 조지 W. 부시(George W. Bush)로 대표되는 네오콘은 철저하게 선악의 세계관으로 무장해 있습니다. 미국이 공공선이라는 예외주의(exceptionalism)에 입각해서 전쟁을 불사하고서라도 악을 소멸시켜야 평화의 세계가 도래한다고 주장합니다. 네오콘에게 중국은 악이자 굴복시켜야 할 상대인 거지요. 존 볼턴(John Bolton)이나 마이크 폼페이오(Mike Pompeo) 등 네오콘 인사들이 트럼프 1기 정부의 외교와 안보의 한 축을 담당하기도 했습니다.

그런데 트럼프는 이들 네오콘과도 근본적으로 다른 세계관을 가지고 있습니다. 1기 때 대외정책이 네오콘의 방해를 받았다며 이들 없이 재선에 성공했다고 말하기도 하는데요. 트럼프는 이익이 되면 하고, 손해가 되면 빠진다는 철저한 거래주의로 세상을 바라봅니다. 따라서 무력충돌은 대체로 이익이 안 되니 최소화하려 합니다. 트럼프는 2016년 대선후보 토론에서 "이라크 전쟁은 거짓말에 근거한 최악의 실수"라고 발언했고, 조지 부시 대통령과 딕 체니(Dick Cheney) 부통령을 싸잡아 비판했습니다. 트럼프와는 잘 어울릴 것 같지 않지만, 트럼프에게는 평화에 대한 강박 비슷한 게 있습니다. 실제로 트럼프는 자신의 재임기에 새로운 전쟁은 없게 하고, 진행 중인 전쟁은 끝내고자 합니다. 러우 전쟁과 가자의 전쟁을 끝내겠다는 결심도 그렇고, 2기 취임사에 자신이 피스메이커가 되겠다는 말을 했었지요.

그렇다면 트럼프는 미중 경쟁을 어떻게 보고 있을까가 궁금해집니다. 트럼프에게도 중국은 미국의 위상에 도전하기에 꺾어야 할 대상이며, 미국이 만든 질서에서 불공정한 반칙행위를 통해 이익을 챙기며 미국에 손해를 끼치는 존재입니다. 그러나 결정적 차이는, 트럼프는 중국을 미국의 자원을 총 투입해 사생결단의 승부를 내야 하는 대상으로 보지 않는다는 것입니다. 미국의 이익을 위해 압박할 수도 타협할 수도 있다고 봅니다. 트럼프가 생각하는 미국의 부활은 과거 안보나 무역 질서를 관장하는 세계 경찰 같은 모습으로의 복귀가 아닙니다. 오히려 그런 방식으로 미국이 책임을 다하는 동안 중국은 물론이고, 특히 우방국들이 무임승차하며 불공정한 무역으로 미국에 큰 손해를 끼쳤다고 생각하는 것입니다.

그래서 트럼프는 미국에 이득만 된다면 유럽은 러시아가, 아시아는 중국이 관장해도 된다는 생각에까지 이릅니다. 이미 러우 전쟁에서 러시아 편에 서고 '유럽의 방위는 유럽이 알아서 하라'라고 말하고 있습니다. 일부 전문가들은 전세계를 미중러의 세 영향권으로 나누는 방향으로 갈 것이라 전망하기도 합니다. 그래서 '신(新) 얄타체제'로 이름 붙이기도 하는데요. 2차 세계대전 직후 세계를 양분했던 것이 얄타조약 이후 체제라면 이번에는 3분한다는 의미를 담고 있지요. 물론 이런 견해가 미국 사회에 받아들여지기 어렵고, 그런 질서가 실현 가능할지 가늠하기도 쉽지 않지만, 트럼프의 MAGA가 품고 있는 실체라는 것은 분명합니다.

한국의 트럼프 대망론이 가리키는 것

이제 한국에 대해 좀더 이야기를 해보죠. 앞에서 지적했듯이 트럼프는 자국 이익을 위해 국제질서를 뒤흔드는 매우 반민주적이고 극우적인 인물인데, 희한하게도 한국에서는 트럼프 대망론이 있습니다. 그것도 진보진영에서 말입니다. 사실 이건 한반도 평화문제와 연결이 됩니다. 거슬러 올라가 오바마 전 대통령부터 살펴볼까요. 오바마는 노벨상을 '외상'으로 받은 유일한 사람이죠. 전세계를 비핵화하겠다는 약속 하나로 노벨평화상을 받았거든요. 그런데 대북정책이 '전략적 인내'라는 이상한 방향으로 빠지면서 오바마 집권 8년 동안 북미·남북 관계가 교착 혹은 악화됐습니다.

그런데 오바마를 제일 싫어하는 사람이 또 트럼프거든요. 흑인인 데다가 1기 대통령 당선됐을 때 부임하는 자신보다 떠나는 오바마 지지율이 더 높았습니다. 트럼프는 오바마를 이겨야겠다는 생각도 있고요. 다른 사람들이 도저히 할 수 없던 일을 자기는 할 수 있다는 것을 보여주고 싶은 과시형 인간입니다. 그러다보니 뿌찐, 시 진핑, 김정은같이 다루기 힘든 사람들을 만나서 극적으로 변화시키는 모습을 보여주려 합니다.

트럼프 1기 때는 오바마가 8년 동안 방치했던 북한과의 적대적 관계를 김정은과의 담판으로 대전환할 것처럼 보였습니다. 사실 거의 성공할 뻔했지요. 2019년 2월 하노이회담의 결렬로 인해 북미협상이 결국 실패로 돌아갔지만, 트럼프는 이를 자신의 잘못이 아니라 네오콘들의 방해 때문이라고 말하며 자신과 김정은은 아직 좋은 관계라고 주장합니다. 그렇기에 재선을 위한 선거운동 기간 중에도 재임 시 다시 김정은을 만날 것이고 자신만이 김정은을 설득할 수 있는 사람이라고 말했죠.

한미일 동맹을 추구하며 북중러를 적대시하고 북한을 악마화한 바이든과, 거기에 편승해서 전쟁 불사, 선제타격 불사를 외친 윤석열에 의해 남북관계가 최악으로 치달은 상태입니다. 9·19남북군사협의 효력 정지 등 남북은 완전히 단절되었습니다. 북한 김정은은 남한을 향해 한 민족도 아니라 적대적인 국가라고 규정했습니다. 오바마 집권 8년의 전략적 인내도 모자라 바이든은 4년 동안 전략적 방치 또는 무시로 일관했습니다. 그러다보니 한반도 평화를 갈망하고 미래를 생각하는 사람들은 트럼프의 재등장이 모든 면에서 불행이지만 한반도 평화 측면에서는 좋은 일일 수도 있겠다고 기대하는 겁니다.

트럼프도 다시 시도하겠다고 하고, 제 생각에도 재선된 트럼프가 김정은을 향해 손을 내밀 거라고 봅니다. 문제는 성공 여부이지만요. 하노이에서 엄청난 모욕을 당했다고 생각하는 김정은이 트럼프가 내민 손을 덥석 잡기는 힘들 것입니다. 더욱이 6~7년 전과는 비교할 수 없을 정도로 핵무력을 강화했고, 북러동맹의 진전 등으로 북한의 전략적 몸값이 비싸졌다는 점을 고려하면 성사 여부가 불투명해집니다.

그런데 여기서 흥미로운 점은 이념상 정반대인 극우 쪽에서도 트럼프 대망론이 나온다는 사실입니다. 바로 핵무장 가능성입니다. 트럼프가 주한미군에 대한 분담금을 얘기했기에 한국이 돈을 안 내면 미군이 철군할 가능성도 있고, 미군 철군 시에는 핵우산이 없어지니 우리도 핵을 가져야 하지 않겠느냐는 논리를 내세우는데요. 이런 대망론을 더욱 촉발한 계기는 미국 내 일각에서 간헐적으로 한국의 핵무장 가능성을 긍정적으로 언급하는 이들이 있기 때문입니다. 특히 미국의 국가안보 정책 전문가인 엘브리지 콜비(Elbridge Colby)가 미국이 한국의 핵무장을 용인할 것처럼 이야기했습니다. 그는 트럼프 1기 정부에서 국방부 부차관보를 역임했고 2기에서는 국방부 차관으로 승진 발령됩니다. 이 정도의 핵심 인물이 언급했다는 점에서 트럼프가 한국의 핵무장을 인정하리라고 믿어버린 거지요.

이 현상은 앞에서 설명한 안보 포퓰리즘의 맥락과 닿아 있어요. 한반도의 긴장을 심화시키고, 북한에 대한 선제타격을 말하고, 중국을 비방하고, 이런 위기를 증폭해서 적대적 공생 구조를 만들어 권력을 정당화하는 방식이지요. 극우들이 안보 위기를 조장한 다음 군사력 강화를 부르짖고 독재를 정당화하는 것도 여기에 포함됩니다. 역대 보수 정권들이 즐겨 사용했던 방식들이지요. 평화와 협력을 주장하는 사람은 나약하다는 프레임에 가두고 북핵을 용인한다면서 '친북 좌파'라고 몰아붙입니다. 핵무기를 보유한 북한에 대적하려면 우리도 핵무장을 해야 한다는 논리를 펼치면서요.

앞서 소개한 진보의 트럼프 대망론과 마찬가지로 보수의 핵무장 주장 역시 실현되기 어려울 것입니다. 굳이 비교하자면, 더 어려울 것입니다. 미국은 한국의 핵무장을 용인하지 않을 것으로 보여요. 그 단서로 2025년 초 미국 에너지부(DOE)가 한국을 '민감국가 리스트'에 올린 사실을 들 수 있습니다

(4월 15일 미국은 여전히 한국을 포함시킨 이 리스트를 발효했습니다). 주로 테러 위험이나 핵무장 위험 국가들을 리스트에 올리는데요. 윤석열과 여당 지도부, 그리고 조선일보 등이 함께 2023년 1월부터 불을 지펴온 한국의 핵무장 시도가 가장 큰 원인이었을 것으로 판단됩니다. 세계 핵 전문가들 사이에서 한국은 이라크와 사우디 다음으로 가는 핵무장 위험 국가로 규정되고 있습니다. 우리는 개방형 통상국가로 북한처럼 쇄국적인 나라가 아니라는 점에서 만약 핵개발로 인해 국제교류에 제재를 받게 되면 국가의 운명은 나락으로 떨어질 것입니다.

핵무장으로 안보가 확보되리라는 주장도 근거가 약합니다. 한국이 핵을 개발하기 시작하면 일본을 포함한 주변 국가들을 포함해 핵 도미노 현상이 일어날 것입니다. 현재 NPT(핵확산방지조약)에 의해 국제적으로 다섯개 안보리 상임이사국만 합법적 핵보유가 인정되고, 인도, 파키스탄, 이스라엘, 북한은 사실상 불법적으로 보유하고 있지요. 케네스 왈츠(Kenneth Waltz)나 존 미어샤이머(John Mearsheimer) 같은 현실주의 국제정치학자들은 핵을 많이 보급할수록 평화가 온다는 역설적인 얘기를 하기도 합니다. 그러나 저는 반대합니다. 핵 때문에 오히려 전쟁을 못할 거라는 논리인데, 핵무기로 인해 전면전이 일어날 것 같지 않으니까 인도와 파키스탄처럼 오히려 국지적인 전쟁이 더 많이 일어나는 게 현실입니다(5월 7일에는 인도가 파키스탄 국경 군사기지에 미사일을 발사했다는 소식이 알려졌습니다).

지속가능한 평화를 이루려면 군사력 강화를 통해 적이 공격하지 못하게 막는 억제도 중요하지만, 동시에 적과의 외교를 통해 적대감을 해소시키는 작업이 필요합니다. 물론 전쟁을 막을 완벽한 제도는 없습니다. 그러나 전쟁을 막을 수 있는 제동장치와 평화를 향한 가속페달은 다양하게 있습니다. 가능한 많은 도구를 확보해야 하지요. 그것이 UN일 수도 있고, 자유무역 질서일 수도 있습니다. 남북 간에는 직통전화, 9·19 남북군사합의, 개성공단 등이 그런 것들이죠. 중국이나 러시아도 그런 역할이 가능합니다. 러시아나 중국이 북한을 완전히 통제할 수는 없지만, 한러·한중 관계 개선을 통해 북한을 견제할 수도 있습니다.

문제는 윤석열정부 3년간 평화의 가속페달은 아예 없어지고 충돌방지를 위한 브레이크마저 거의 다 사라졌다는 것입니다. 전쟁은 더 일어나기 쉬워졌고 전쟁이 났을 때 해결할 수 있는 방법들은 사라진 상황입니다. 하루빨리 재건해야 합니다.

새로운 관점으로 보는 한미동맹과 평화체제

한미동맹은 1953년 한국전쟁의 막바지에 한미상호보장조약을 체결함으로써 전쟁의 재발 방지, 다시 말해 북한으로부터의 남침을 억제하는 장치로서 출발했습니다. 그러니 한미동맹은 엄연히 군사동맹이고 전쟁의 산물입니다. 그런데 한미동맹이 언제부턴가 한국의 안보와 평화를 대체하는 말이 됐습니다. 다시 말해 한미동맹의 약화가 한국에서는 평화의 반대말과 같은 뜻으로 쓰이고 있는 것입니다.

논리적으로나 실제적으로 동맹은 전쟁 상태에서 가장 강합니다. 즉 공동의 적대국이 확실할 때 동맹관계는 굳건해집니다. 한미동맹에 적용하면, 남북관계가 악화할수록 한미동맹의 역할과 중요성은 커지죠. 그러니 우리가 계속 분단된 상태에서 북한과 적대관계로 남아 있으면 한미동맹이 더 안정적이 될 겁니다. 반대로 우리가 평화체제로 넘어가고 남북관계가 개선되면 한미동맹은 약화되는 게 자연스럽지요. 심하게 얘기하면 분단이 계속되고 남북한과 북미 간에 긴장이 고조될수록 한미동맹은 강해지고, 교류와 협력이 높아지면 역설적으로 동맹은 약해지는 구조입니다. 그런데 우리 안에는 한미동맹이 평화의 상징으로 너무나도 강력하게 자리 잡고 있어서, 남북관계의 개선이 이뤄질 때마다 오히려 동맹 약화를 걱정하는 역설이 벌어집니다. 역대 진보 정부들이 남북협력을 이루려고 하면 어김없이 한미동맹을 흔든다는 비판이 나오고 이는 국민에게 강한 소구력을 가져왔습니다.

평화를 달성하는 방법을 생각해볼 때 보수와 진보는 매우 다릅니다. 보수진영은 한반도 평화를 위해 특히 한미동맹 강화을 통한 억지력 확보를 최우선으로 합니다. 반면 진보는 남북이 교류와 협력을 증진함으로써 서로에 대한 위협과 적대감을 해소해야 지속가능한 평화가 온다고 주장합니다. 둘 다 나름의 설득력을 가지고 있습니다.

그런데 억지는 최소한의 전쟁 방지의 역할에 머무릅니다. 그게 원래 목적이지요. 그러나 과거 미국과 소련이 그랬듯이 현재 남북한의 군사력으로 전쟁은 막을 수 있지만, 긴장과 대결구조를 해소하지는 못합니다. 오히려 군비경쟁의 악순환이 벌어질 수도 있습니다. 평화를 위한 방법으로서의 한미동맹은 아주 하책이라고 할 수 있습니다. 한미동맹이 그간 유효했지만 분단구조를 해소하고 평화체제로 넘어가는 단계에서 동맹은 장애물이 될 수 있습니다.

지난 2023년은 한미동맹이 70주년 되는 해였습니다. 한미동맹 70주년은 곧 한국전쟁을 멈춘 정전체제 70주년입니다. 그런데 공식석상에서 윤석열은 '정전체제'라는 단어를 한번도 입에 올리지 않았어요. 이는 다분히 의도적인 겁니다. 정전체제를 언급하면 우리가 휴전 상태에 있다는 사실을 인정해버리는 셈이고 그다음은 평화체제로 나아가야 한다는 압박을 받게 되거든요. 그러나 한미동맹의 존재 이유가 바로 전쟁이기 때문에 자연스럽게 한미동맹은 그 자체로 평화체제의 걸림돌이 됩니다. 그런 이유로 평화나 정전체제에 대한 일언반구 없이 한미동맹 70주년만 줄기차게 기념한 것입니다.

그러나 한국의 어떤 정치인도 이 사실을 용기 있게 국민에게 설득시킬 수 없는 지경입니다. 진보 정치인들도 한미동맹이 절대적이라고 얘기해야 당선될 수 있고 정권을 유지할 수 있다는 딜레마에 빠져 있습니다. 하지만 진실을 진실대로 겁기 있게 말할 수 있는 지도자가 나와야 합니다. '한미관계가 중요하고 깊어지는 것은 바람직하지만, 군사동맹만이 강화되는 것은 우리에게 꼭 이로운 일이 아닐 수도 있다' '한미동맹이 필요 없어지는 시점이 오히려 우리에게 평화가 오는 시기다' 이야기할 수 있어야 합니다.

윤석열이 줄기차게 주장했고 핵무장을 지지하는 사람들이 말하는 '힘을 통한 평화'가 바로 한미동맹을 통한 평화입니다. 이를 지향할 경우 남북은 더욱더 군비경쟁에 빠지고 분단구조는 영원히 해소할 수 없습니다. 신성화되고 심지어 종교가 되어버린 한미동맹의 힘을 약화하는 일을 두려워하지 않아야 평화체제로 갈 수 있다는 사실을 바로 알 때입니다.

남북관계를 진전시키고자 할 때 북한을 어떻게 바라봐야 할지도 중요한 문제입니다. 앞서 언급했듯이 북한은 더이상 민족이라는 말도 통일이라는 말도 쓰지 않습니다. 임종석 전 청와대 비서실장의 "통일하지 말자"는 발언도 같은 맥락에서 이해할 수 있습니다.

남북한의 미래, 평화와 통일 등에 있어서 남북이 같은 민족이냐 아니면 구별된 두 국가냐 하는 문제는 우리 내부에서도 많은 논란이 있지요. 사실 분단구조에서는 둘 다 맞는 거예요. 그런데 우리는 자꾸 이 두개를 억지로 합치려고 합니다. '두 국가'라고 주장한다고 해서 우리가 하나의 민족이라는 사실이 사라지는 것이 아닙니다. 반대로 우리는 하나의 민족이니 필연적으로 통일해야 한다고 열심히 주장한다고 해서 엄연한 분단현실과 두 국가체제를 부정할 수 없지요. 한 민족과 두 국가라는 이 두 정체성은 매우 불편하지만 같이 갈 수밖에 없다고 생각합니다. 어느 하나를 외면하거나, 또는 억지로 둘을 통합하려는 시도 모두 무리수입니다. 두 국가이기 때문에 그만큼 통일이 어렵다는 현실을 인정하되, 우리는 같은 민족이라는 사실도 놓치지 않아야겠죠.

이와 비슷한 식의 논쟁이 2018년 한반도 평화프로세스 때 있었습니다. 우리가 한반도 평화프로세스의 당사자냐 중재자냐를 두고 큰 설전을 벌였죠. 우리는 물론 당사자입니다. 그렇지만 동시에 북미 사이의 적대적 관계가 해소되지 않으면 한반도 평화는 불가능하다는 점에서 이들 사이를 중재해야 하는 역할도 있습니다. 당시 평화프로세스가 문재인정부의 중재로 가능했던 것을 기억하실 것입니다. 당사자와 중재자, 둘 다 우리의 정체성입니다. 그런데 어느 순간 정체성을 합쳐야 한다는 강박관념이 자꾸 문제를 어렵게 하는 것 같습니다. 두개의 정체성이 갖는 모순은, 먼 미래에 통일이라든지 분단체제가 해소되어야 해결되기 때문에 지금의 분단구조 안에서는 두 정체성 중 어느 하나를 부정할 수 없습니다.

트럼프 태풍에 맞서는 일은 가능할까

　　지금까지 나온 이야기를 간단히 정리하겠습니다. 국제질서의 근본이 붕괴하고 있습니다. 팍스 아메리카나이든 신자유주의든 또는 국제협력이든, 기존 질서와 제도가 무너지는 것은 되돌릴 수 없는 대세처럼 보입니다. 자유무역과 함께 민주주의도 후퇴하고 있습니다. 2025년 스웨덴 예테보리대학의 민주주의다양성연구소(V-Dem)의 보고서는 한국의 순위 추락뿐 아니라 세계 민주주의의 후퇴를 극명하게 보여줍니다. 수십년 만에 권위주의 국가의 숫자가 민주주의 국가의 숫자보다 많아졌다고 합니다. 앞으로의 결과에 따라서 지금 이 시기를 과도적 뉴노멀이라고 부를 수도 있고, 아니면 파괴적 디스토피아로 가는 길이라고 부를 수도 있을 겁니다.

　　우리는 이미 트럼프정부를 한번 겪었습니다. 그럼 2기 때는 좀더 잘 대비되어 있지 않을까 하는 의견도 있지만, 저는 조금 다르게 봅니다. 우리보다 오히려 트럼프가 훨씬 더 준비되어 있고 더 거칠어졌습니다. 트럼프 1기를 돌풍이나 일탈에 비유한다면, 2기는 거의 태풍이나 쓰나미 수준입니다. 기득권과 기존 제도가 나쁜 것도 있고 좋은 것도 있을 텐데, 트럼프는 모든 것을 쓸어버리거나 불을 질러버리려 합니다. 쓸어버린 다음 또는 다 타고 남은 다음 새로이 만들어나갈 수도, 완전히 망가져버릴 수도 있습니다.

그럼 우리는 어떻게 해야 할까요? 국제적으로 연대가 필요합니다. 특히 트럼프에게 당한 피해국들의 연대가 필요합니다. 트럼프는 지금 '일 대 일'로 상대하려 합니다. 미국의 힘이 예전 같지 않더라도 양자관계에서 미국의 압박을 이길 국가는 없다고 보기 때문입니다. 많은 국가가 안보와 경제를 미국에 기대고 있기에 쉽사리 반트럼프 연대에 나서지 못할 거라고 믿습니다. 그러나 문제는 국제질서가 현재 훨씬 더 다극화되고 평등화되고 있다는 것입니다. 그래서 과연 미국의 뜻대로 될 것인가, 아니면 국가들의 연대를 통해 새로운 규칙, 더 평등한 규칙들을 만들어낼 수 있을 것인가 지켜볼 만합니다.

이러한 다극화 흐름이 러시아가 추구하는 것처럼 나쁜 방향으로 흘러갈 수도 있지만, 가령 한국과 일본, 그리고 EU 등이 주도해서 새로운 형태의 자유무역 질서를 만들 수도 있습니다. 그런 의미에서 최근 독자적으로 목소리를 내기 시작한 '글로벌 사우스'(Global South)에도 주목해볼 필요가 있습니다. 또 한중일 3국의 역내 협력도 주목해봐야 할 것 같습니다. 3국이 전세계 제조업에 차지하는 비중은 각각도 중요하지만, 합치면 절대적입니다. 3국이 함께 적극적으로 개방된 공급망과 자유무역을 지탱해준다면 트럼프의 보호주의 태풍을 견뎌낼 수도 있을 것입니다.

트럼프의 압박을 받는 우방국들이 연대하고, 여기에 글로벌 사우스까지 포함해 협력적이고 자유로운 세계질서를 지켜내려는 움직임이 가시화될 때, 한국이 어떤 역할을 할 수 있느냐가 큰 숙제가 되겠지요. 세계가 다극화하고 있으므로 우리 외교 방식도 다변화해야 합니다.

한미관계에서 우리가 가야 할 길도 살펴보겠습니다. 1기보다 강력해진 트럼피즘의 압박에 내어놓는 처방은 보수와 진보 모두 동맹을 강조하는 것인데요. 이를테면 '우리와 미국은 특별한 관계이고 혈맹이다. 그러니 한미동맹을 강화하면 트럼프의 압박을 이길 수 있다'라는 태도를 기본 기조로 삼고 있습니다. 그런데 이것은 완전히 잘못 읽은 거죠. '특별한 관계라고?

그러면 특별히 돈을 더 내야 한다'라고 나오는 것이 트럼프의 방식입니다.

그럼 우리는 어떻게 접근해야 할까요? 감성에 호소할 것이 아니라, 더 실용적으로 국익 우선의 입장에서 다가가야 합니다. 예를 들면 트럼프가 1기 때 그랬듯이 2기에 와서도 주한미군 분담금을 대폭 인상하지 않으면 미군을 철수한다고 할 때, 전전긍긍하기보다 철수하라고 맞받아칠 수 있어야 합니다. 사실 현재의 주한미군은 육군 보병 중심의 군대입니다. 대북 억제가 일차적 목적이기 때문입니다. 지금의 미군은 실제 군사력보다는 주둔함으로써 한국의 안보를 미국이 지켜준다는 보증의 역할이 더 커졌습니다. '인계철선'이라고도 하는데 한반도에 전쟁이 나면 미국이 자동으로 개입하면서 미국의 전쟁이 된다는 약속의 의미인 것입니다. 따라서 트럼프가 주둔 분담금을 늘리라고 압박한다면, 군대 수는 줄이고 해·공군 중심의 현대전 체계로 바꾸라는 식으로 대응할 수 있습니다.

또 한국에 관세를 물리겠다고 해서 무조건 저자세로 당하는 것은 지양해야 합니다. 멕시코의 경우 미국에서 소비되는 아보카도의 90% 이상이 멕시코산인 것을 이용해 보복 무역을 할 수도 있는데, 우리에겐 아보카도같이 대체불가능한 품목이 없습니다. 그렇다면 우리의 방법은 미국의 압박을 받는 국가들과 연대하는 것입니다. 한국이 가진, 그리고 미국이 원하는 제조업 능력이라는 지렛대를 사용해야 합니다. 미국이 한국과 일대 일 협상을 하자고 나올 때, 우리는 유럽, 일본 등 다른 국가들과 먼저 논의하고, 함께 대응하는 전략이 필요합니다. 미국이 관세를 부과하면 우리도 상대 관세를 매기거나 투자를 조정하는 방식으로 보복 조치를 취할 수 있어야 합니다. 하지만 트럼프는 대미 안보의존 때문에 한국이 그렇게 하지 못할 가능성이 크다는 점을 이미 계산하고 있을 것입니다.

2024년 3월 24일, 현대자동차가 미국에 약 31조 규모의 큰 투자를 하겠다고 발표했는데요. 개별 기업들은 사업가의 입장에서 관세를 피하기 위해 미국에 공장을 짓는 현실적인 판단을 내릴 수밖에 없겠지요. 하지만 정부는 달라야 합니다. 기업의 독자 행보와는 별개로, 우리 정부는 장기적인 국익과 자국민을 고려한 대안을 고민해야 합니다. 특정 기업의 투자 결정이 곧 국가의 정책적 선택이 되어서는 안 됩니다. 여태 미국에 많은 투자가 이뤄졌습니다만 반대급부로 가져온 것들이 너무 적습니다. 바이든 때는 133조가 넘는 투자를 했지만 얻은 것은 전무했고, 미국에 공장을 완공한 이후 보조금 지급을 약속받았는데도 트럼프는 제대로 이행하지 않았습니다.

이러한 상황을 국민에게 설명하고, 국민의 지지를 얻음으로써 트럼프의 태풍 같은 압박을 견뎌내야 합니다. 그렇게 해서 트럼프를 이겨낼 수 있다고까지는 생각하지 않습니다. 하지만 트럼프의 시간은 유한합니다. 태풍이 올 때, 때로는 그 태풍이 지나기까지 버티면, 지나갑니다. 버텨내는 힘을 갖추는 것이 다음 정부의 가장 큰 시대적 사명일 수도 있습니다. 이는 단순히 트럼프 개인의 괴물 같은 특성이 아니라 지금까지 얘기했듯 세계사의 격변기에서 벌어지는 큰 흐름입니다.

윤석열정부는 바이든정부의 진영외교를 그대로 수용했고, 가치동맹이라는 이름으로 중국-러시아-북한-이란으로 이어지는 적대 진영과 맞섰습니다. 그런데 트럼프는 이 구도를 완전히 무너뜨리고 거래주의 관점에서 미국에 이익이 된다면 적대국가들과도 손을 잡습니다. 대한민국은 자유주의 국제질서의 혜택을 오래도록 받았습니다. 따라서 가능하다면 다른 국가들과의 협력을 통해 미국이 포기하고 있는 자유주의 질서를 다시 살려내기 위해 노력해야 할 것입니다.

한국은 1945년 이후로 아직도 두가지 체제에서 완전히 탈피하지 못했습니다. 바로 식민주의와 분단입니다. 보통 민족주의는 외세의존적이지 않은데 우리나라의 경우는 매우 기형적입니다. 친미, 친일의 식민주의가 그대로 살아남아 있거든요. 한국이 전세계에서 경제력으로 10, 11위 수준이고 국방력으로 5, 6위 수준입니다. 이 정도에 이르렀는데도 우리는 아직도 미국의 손을 놓으면 죽는다고 생각합니다. 지정학적으로 반도국가인 우리가 대륙국가와 해안국가 사이에서 자주 희생양이 되었던 역사 때문입니다. 우리가 이탈리아반도의 로마처럼 확장적인 제국주의 국가는 아니더라도, 적어도 해양과 대륙을 연결하는 교량 역할을 할 수 있을 정도의 국력은 가지게 되었음에도 정작 우리는 스스로를 너무 과소평가합니다.

더불어 우리의 가장 큰 한계 중 하나가 분단체제입니다. 국내 정치에서 자주 불거지는 이념 논쟁은 상당 부분이 분단체제에 기인합니다. 사상적인 부분은 차치하더라도 실제 정치세력으로 존재하지도 않는데 '무찌르자 공산당' 같은 선동이 아직도 통하는 것이 분단 때문입니다. 이것이 선거논리에 동원되고 권력 획득과 직결됩니다. 우리 사회가 불필요하게 겪는 갈등의 근원이라 할 수 있어요.

이러한 어려움을 가지고 시대의 변곡점에 서 있는 것이 우리의 현실입니다. 요약하자면 세계의 협력적 질서가 저물고 각자도생의 체제로 급격하게 변동하고 있는데, 국내 정치는 이를 극복할 수 있는 안정성이나 단합보다 오히려 분열을 증폭하는 정치 문화와 구조를 가지고 있습니다. 남북한의 분단에다 남한 내부의 극단적인 분열까지 겹쳐 있지요. 어려움은 많은데 이를 해결할 수단이 너무 적어요. 트럼프가 몰고 온 국제정치의 태풍 속에서 우리는 과연 버틸 수 있을까요? 그러기 위해서 우리는 어떤 것을 지켜내야 할까요?

바로 지금, 한국의 민주주의라는 가능성

17세기 중반, 근대 민족국가체제가 시작된 이후 국가와 시장·시민사회, 다시 말해 공적 영역(public sector)과 사적 영역(private sector) 사이의 힘의 균형에 따른 세가지 유형의 국가가 있어왔습니다. 먼저 전자가 후자를 압도하는 형태입니다. 전형적으로 독재나 권위주의 국가 모델이 여기에 속합니다. 중국 북한 러시아 같은 나라도 포함되고, 선거제도를 채택함에도 국가가 우위를 유지하는 국가들도 여기에 속할 것입니다. 이런 나라에서 시장과 시민사회는 별로 힘을 못 씁니다. 러시아의 뿌찐정부는 민주주의를 훼손해도 전쟁을 일으켜도 권력을 유지하고 있습니다.

다음은 자유시장 모델이 있습니다. 시민주권에 의한 민주주의체제와 경제적 자유주의를 채택한 서구 국가들의 유형입니다. 국가의 힘은 약해졌으나 반대로 시장과 시민사회는 강해졌습니다. 그런데 문제는 국가는 공적 존재이지만 시장이나 자본가들은 그렇지 않아, 사적 영역이 이익을 극대화하기 위해 시스템을 왜곡시킬 때 이를 교정해줄 국가의 역할을 너무 축소해버렸습니다. 일례를 들면 신자유주의 국가들은 시장이 너무 강해서 국가에 의한 복지정책 등은 매우 빈약합니다.

마지막으로 세번째 유형은 국가와 시장·시민사회의 관계가 역동적인 균형을 이루는 것인데, 매우 드물기는 하지만 한국이나 프랑스가 여기 속한다고 할 수 있습니다. 때로는 국가가 강해서 시민사회가 피해를 입지만, 국가가 선을 넘을 때 시민이나 시장이 국가를 견제합니다.

사실 한국은 첫번째인 국가 우위 유형에 어울리는 많은 요소를 가진 나라입니다. 역사적으로 계급사회가 뒤집힌 적이 없습니다. 조선시대 양반 사회의 기득권이 뒤집힌 적도 없지요. 동학농민운동을 비롯해 다수의 혁명이 있었지만, 신분제를 타파하는 데는 실패했습니다. 또한 일제강점기가 끝난 이후에도 친일파가 완전히 제거되지 않았습니다. 한국전쟁을 겪으면서, 그리고 분단의 대결구조에서 군대의 힘이 막강해졌습니다. 연속적 독재정권의 등장으로 경찰과 검찰도 강해졌습니다. 게다가 유교적인 집단주의 문화도 갖고 있습니다. 국가가 지배력을 가질 수 있는 거의 모든 조건을 갖춘 셈이죠.

이런 국가라면 사실 시장이나 시민사회가 약할 수밖에 없습니다. 그런데 신기하게도 동학농민운동부터 광주민주화운동 그리고 1987년 민주화항쟁, 2024년 남태령대첩까지, 국가가 선을 넘을 때마다 시민이 봉기했지요. 저는 이것이 대한민국이 가진 엄청난 저력이고 진정한 희망이라고 생각합니다. 시장이 잘못되고 불평등이 생길 때는 공적 국가를 키워서 고쳐내고, 국가가 반민주·반헌법을 자행할 때는 시민과 시장이 제어하는 겁니다.

2024년 말 윤석열의 내란 시도로 우리가 수십년간 유지해온 민주주의를 위협받았습니다. 그러나 시민의 궐기로 반민주·반헌법 내란세력을 기어코 막아내고 윤석열 파면과 함께 민주주의를 회복했습니다. 이 과정에서 민주주의의 회복을 후속 세대의 저항정신과 함께 이뤄냈다는 것이 정말 중요합니다. 12월 3일 계엄 이후 광장에서 이어진 '빛의 혁명'에서 젊은 세대의 참여는 엄청난 의미를 갖습니다.

실제로 제가 접촉했던 다수의 외신들은 한결같이 한국의 평화로우면서 역동적인 시위에도 감동했지만 젊은이들의 참여가 높은 것을 보고 매우 놀랐다고 합니다. 여태까지 제도로서의 민주주의를 지켜왔다면, 이제는 다음 세대로 자연스럽게 연장되어 문화와 의식으로서의 민주화가 시작됐습니다. 그래서 우리에게 희망이 있다고 말할 수 있는 겁니다.

『정의란 무엇인가』로 유명한 마이클 샌델(Michael Sandel) 하버드대학 교수는 민주주의에 대해서도 큰 식견을 가지고 있고, 자기 견해를 적극적으로 밝히는 분입니다. 샌델 교수는 한국이 현재의 혼란을 어떻게 해결하느냐가 전세계 민주주의의 방향을 결정하는 시금석이 될 것이라고 했습니다. 특히 한국의 민주주의 위기 극복 과정이 다른 국가들에게 희망과 교훈을 제공할 수 있다고 했지요.

지금까지 트럼피즘의 태풍을 분석했습니다만, 사실 트럼피즘의 해악을 멈출 수 있는 것은 내부로부터의 각성입니다. 미국의 국력이 아무리 쇠퇴했다고 해도 아직 맞상대로 미국을 이길 수 있는 나라는 없습니다. 그렇다면 트럼프의 일방주의와 인종주의, 그리고 반민주주의는 미국 시민들의 민주화투쟁으로 막는 것이 가장 효과적일뿐더러 바람직하기도 합니다.

실제로 미국 시민들이 봉기하기 시작했습니다. 2025년 4월 5일, 우리 헌법재판소가 윤석열을 파면한 바로 다음 날, 미국 전역에서 '손 떼라'(Hands Off)라는 슬로건 아래 수백만의 시민이 거리로 나섰습니다. 미국 역사를 따져보면 1960년대 민권운동이 가장 최근의 저항입니다. 그들은 미국이 민주주의를 위해 투쟁했던 게 너무 오래되었다며, 한국에서 일어난 놀라운 민주주의 복원력을 배워야 할 때라고 외치고 있습니다.

묻고 답하기

엄청난 격변의 시기에 트럼프 태풍까지······ 이런 압박을 버티기 위해서는 우리나라의 지도자에게 어떤 자질이 필요할까요?

먼저 현재 급속도로 진행되고 있는 국제질서 격변의 본질을 꿰뚫어볼 줄 알아야 합니다. 이런 변화는 1차 세계대전 이후로는 비교할 사례조차 없습니다. 우리 대한민국은 역사적으로 대륙과 해양이 맞닿은 지정학적 위치로 인해 패권체제의 전환기에 특히 큰 어려움을 당해왔지요. 냉전 붕괴 직후 30여년 동안 개방형 통상국가로서 자유주의 국제질서를 맞아 큰 발전과 번영을 이뤘지만 다시 대외환경이 어려워지고 있습니다. 그러나 지금 대한민국은 과거의 우리가 아니며 고난 속의 성공 경험도 있고 충분한 역량을 가진 나라이기에 변화에 소극적으로 따라가기보다 오히려 능동적으로 대처할 필요가 있습니다. 대한민국은 더이상 작고 약한 나라가 아닙니다.

마지막에 언급했듯이 지도자는 이러한 국민의 역량을 믿고 대격변의 시기를 함께 싸워나갈 결기가 있어야 합니다. 사적 권력을 유지하기 위해 미국과 일본에 종속적인 자세를 취했던 윤석열정부와는 달라야 하겠고요. 특히 트럼프가 미국의 민낯을 노골적이고 보이고 있는 현 상황은 한미동맹에 대한 맹목적 신화를 해체할 수 있는 기회입니다. 이 기회를 적절하게 이용해 한국 사회의 지나친 대미의존성을 극복할 비전을 제시하는 리더십이라면 더욱 좋겠지요.

윤석열 내란 이후, 외신들이 한국의 성숙한 시민의식과 민주주의를 높게 평가했지만 한편으로는 극우의 시위도 더 거세졌습니다. 이런 양상을 해결해나갈 방안으로는 어떤 것이 있을까요?

2024년 12월 3일 윤석열이 비상계엄 선포를 통해 내란을 시도했지만 시민과 국회가 함께 막아내고, 9일이 지난 12월 14일에는 국회가 탄핵소추안을 통과시켰습니다. 그리고 마침내 2025년 4월 4일 헌법재판소가 윤석열을 파면함으로써 탄핵을 완성했습니다. 대한민국의 국민으로서 얼마든지 자부심을 가져도 됩니다. 극우의 백래시에 대응할 힘 역시 민주주의의 회복과 가치에서 찾아야 합니다.

세계도 한국 민주주의의 복원력과 끈질긴 항쟁력을 높이 평가하고 있습니다. 더욱이 세계가 권위주의의 물결이 드세지는 상황에서 한국의 민주주의 복원은 귀감으로 삼아야 한다는 목소리가 높습니다. 특히 민주주의의 본고장이라고 할 수 있는 미국에서 트럼프의 반민주적인 행태가 도를 넘으면서, 미국인들은 한국을 배워야 한다며 반정부 시위가 미 전역으로 확산됐습니다. 주한 미국대사를 지냈던 부친의 영향으로 한국에도 정통한 동아시아 전문가 대니얼 스나이더(Daniel Sneider) 스탠퍼드대학 교수와 장시간 토론했었는데요. 그는 한국의 민주주의 회복은 나날이 극우화되고 있는 세계 민주주의체제의 희망이라고까지 평가했어요.

물론 헌재 판결로 민주주의를 일단 복원하는 데 성공했지만 갈 길이 험난합니다. 가장 큰 문제는 정치의 양 극단화와 국민 분열입니다. 정치지도자들의 립서비스용 통합 메시지 정도로는 결코 해결될 수 없습니다. 선거제도의 변화를 통해 다당제로 가야 하고, 거대 양당이 권력을 위해 대결구도를 조장하는 행위를 중단해야만 합니다. 내란수괴를 배출하였으며 내란에 대해 한번도 사과하거나 조사·처리 되지 않았음에도 내란에 동조한 정당이 조기 대선에 후보를 내고 경쟁력을 가질 수 있다는 자체가 난센스입니다. 권력을 가져오는 데서 멈춰서는 안 되고 민주정부의 탄생 이후 부단한 개혁이 필요할 것입니다.

새롭게 재편되는 국제질서 속에서 가치를 고수한다는 것이 현실적으로 의미가 없는 일처럼 느껴지기도 합니다. 그럼에도 불구하고 나라가, 국민이 여전히 가치를 지향한다는 것은 어떤 점에서 유의미한가요?

국가 간 관계에서 각국이 최우선으로 추구해야 하는 것은 무엇일까요? 아마 이구동성으로 국익이라고 말할 것입니다. 저도 동의합니다. 특히 2차 세계대전 이후 냉전체제의 이념대결 시작점에서 동족상잔의 비극을 겪었고, 70년이 넘도록 분단체제를 해소하지 못하는 우리에게 가치나 이념보다 국익을 앞세우는 외교가 절실합니다. 특히 트럼피즘의 시대를 맞아 실용주의에 기초한 국익 추구가 바람직해졌다는 기본 전제를 부정하기 어렵습니다.

그럼에도 저는 역설적으로 가치의 중요성이 커졌다고 생각합니다. 미국 외교가 표방해온 민주주의, 자유, 인권, 평화 등의 가치는 비록 일면 위선적이었으나 중요한 의미를 지녀왔죠. 그런데 트럼프는 그 가치를 '정치적 올바름'(political correctness)으로 터부시하면서 미국 패권은 이제 능력은 물론이고 정당성도 잃어버리게 되었습니다.

한국은 식민지 과거를 지닌 제3세계 국가들 중에 유일하게 민주화를 이루고, 경제적 번영을 이뤄낸 나라입니다. 한류 역시 단순한 문화 수출의 상업적 의미를 넘어 세계적 공감을 얻고 있습니다. 한국의 국위와 국격은 물론이고 국익을 키우는 데 매우 유용합니다. 심지어 우리에게 부재한 평화의 가치까지 역설적으로 실현할 수 있습니다. 미국이나 중국이 외치는 평화보다, 전쟁을 겪었고 지금도 분단의 대결구조에 사는 한국이 이야기하는 평화가 훨씬 진정성이 있고, 세계가 귀를 기울이기 때문입니다.

다른 국가들과의 연대가 점점 중요해지는 각자도생의 질서 속에서 우리가 실현한 가치를 내세우는 한국의 외교는 올바른 길을 제시하며 큰 영향력을 발휘할 수 있을 것입니다.

북미관계가 트럼프정부 1기 때처럼 급물살을 타게 될 가능성이 있을까요. 만일 그렇다면 아쉬움이 남지 않도록 우리는 어떤 스탠스를 취해야 할까요?

트럼프는 여러차례 공언한 대로 김정은과의 재회를 추진할 것이고, 정상회담이 이뤄질 가능성도 없지 않다고 봅니다. 북한이 이것을 과연 받아들일까가 관건인데, 김정은이 2019년 하노이에서 트럼프에게 맞은 뒤통수가 너무 아팠습니다. 때문에 트럼프가 내민 손을 선뜻 잡기는 쉽지 않을 것입니다. 외교협상에서 가장 중요한 것이 상대에 대한 신뢰 여부이니까요.

또한, 그때와 비교해 북한은 괄목할 정도로 핵무력 강화와 다종화 및 다양화를 이뤘습니다. 국제질서 판도에서 미-중 및 미-러의 대결구도로 인해 북한이 차지하는 전략적 가치도 훨씬 상승해 있다는 점에서 북한이 쉽게 움직이지 않을 것입니다. 북한이 원하는 미국의 양보 수준은 매우 높을 것이고, 그것도 과거처럼 약속이 아니라 즉각적 실천을 요구할 것입니다. 이에 트럼프가 양보하고 지는 모습을 보이면서까지 북한을 설득할 것이냐가 의문입니다.

일각에서는 북미 평화협상으로 노벨평화상 수상에 한층 가까이 갈 수 있다는 점이 트럼프에게 충분히 동기를 부여할 수 있다고 말합니다. 그러나 이 역시 러우 전쟁과 중동 전쟁을 멈추는 것만으로도 노벨상을 받을 수 있다는 점을 함께 고려해야 할 것입니다.

우리 입장과 관련해서는 윤석열의 대북강경책과 윤석열 파면 과정에서의 사령탑 부재로 인해 패싱 문제가 부각됩니다. 물론 타당한 우려이지만, 그렇다고 해서 북미 정상이 협상 국면에 들어서는 것이 꼭 나쁘지만은 않아요. 지속적으로 높아졌던 한반도 긴장을 낮추는 것은 좋은 일입니다. 다만 어느 시점에서 한국이 적극적으로 프로세스에 참여해야 하고 한반도 문제 당사자로서의 지분을 요구해야 합니다. 한반도의 미래를 결정할 수도 있는 협상에서 당사자인 한국이 배제될 수는 없기 때문입니다.

다자주의 협력체의 필요성에 대해 공감하면서, 그 어느 때보다 한중일의 협력이 중요하다고 느껴집니다. 한국이 한중일 사이에서 중심적인 역할을 하기 위해서는 어떠한 노력이 필요할까요?

트럼프는 말할 것도 없고, 돌아보면 바이든도 자유주의 국제질서인 다자주의의 진정한 회복과는 거리가 멀었습니다. 바이든은 가치외교라고 말했지만, 사실상 이념외교를 통해 진영을 나눠 냉전적 적대체제를 구축하려 했습니다. 한국-미국-일본-유럽을 연결시키는 다자의 형태를 띠었지만, 결코 진영을 넘는 다자주의는 아니었지요. 트럼프는 아예 다자주의를 배제하고 MAGA를 앞세운 미국 제일주의를 노골적으로 추진합니다.

미국의 이런 정책 변화로 인해 한중일의 협력이 대안으로 떠오릅니다. 바이든정부로 인해 진영을 넘는 진정한 다자주의가 어려웠지만, 트럼프의 MAGA와 보호주의로 인해 역설적으로 3국의 협력 가능성이 커졌습니다. 한중일은 세계 제조업과 무역의 핵심 국가라는 점에서 의미하는 바가 큽니다. 또한 대

류세력과 해양세력을 우리가 연결지음으로써 지정학적 대결구도를 완화할 수 있다는 점도 한중일 협력 구도가 갖는 의미입니다. 한국은 윤석열정부의 미국 및 일본 일변도에서 벗어나 다자협력에 적극적으로 참여함으로써 대미 지렛대를 확보하는 것이 중요합니다.

한편으로 외교에 관해서는 늘 미국 중국 일본 러시아 차원의 논의만 하게 되는 듯합니다. 간단히 언급해주기도 하셨던 글로벌 사우스와 그 연대 가능성에 대해 조금 더 설명을 덧붙여 주시면 좋겠습니다.

정확한 지적이에요. 한국 외교의 대부분을 대미 외교가 차지해왔고 조금 더 확대해도 미국 중국 일본 러시아, 주변 4강 외교가 거의 전부였습니다. 외교 다변화는 늘 하기 어려운 숙제 같은 것이었지요. 우리 외교가 4강의 울타리를 벗어나지 못한 것은 지정학적 요인에도, 분단구조 미해소에도 이유가 있습니다.

그러나 이제는 달라져야 합니다. 여전히 4강 외교가 중요하지만 새로운 다극화 질서에서 생존과 발전을 위해 부상하는 글로벌 사우스는 더는 외면할 수 없는 존재로 다가오고 있습니다. 글로벌 사우스는 남반구에 위치한 국가들로 과거 개발도상국 또는 제3세계 등 낙후했던 과거를 가지고 있습니다. 하지만 러우 전쟁 이후 지정학적 상황에서 의미 있는 실체로 부상했지요. 2000년대를 전후하여 빠른 경제성장을 보인 브라질 러시아

인도 중국 남아프리카공화국의 머리글자를 딴 BRICS가 회원국 증가와 함께 영향력을 키웠습니다.

글로벌 사우스는 경제적 역량과 정치적 자율성을 가진 국가들로 구성되며 단순히 과거의 저소득 국가 연대와는 다릅니다. 독립적 이익을 극대화하고 실리외교를 펼치기도 하는데, 경제적 중요성이 심상치 않습니다. 2023년 BRICS의 세계 경제 성장 기여도가 G7을 초과했으며, IMF(국제통화기금)는 2028년까지 BRICS 국가들의 세계 GDP 비중이 G7을 초과할 것으로 전망했어요. 이들이 기존 강대국의 일방적 영향에서 벗어나기 위해 국제적 연대와 자주적 외교를 강화한다는 점을 주목할 필요가 있는데요. 미중 간 경쟁의 틈에서 희생당하기를 거부하고 전략적 자율성을 유지하려 한다는 점에서 우리와 연대 가능성이 있습니다.

글로벌 사우스 국가들과의 교류를 통해 외교 다변화를 꾀하면 국제사회에서 영향력을 발휘할 수 있는 것은 물론이고, 경제적으로도 중요한 파트너십을 구축할 기회를 얻을 수 있습니다. 반가운 것은 이들 국가는 대체로 한국에 우호적이며 상호보완적이라는 점입니다. 한국 제품의 주요 시장이자, 투자와 기술 협력의 메카로 떠오르고 있어요. 우리가 기존 선진국 중심의 경제전략에서 벗어나 새로운 지평으로 나아갈 수 있게 하는 좋은 기회입니다. 외교는 카드가 많을수록 좋고 경제는 시장이 많을수록 좋다는 점에서, 글로벌 사우스와의 교류·협력은 한국의 미래를 위해 매우 중요합니다.

기억하고 싶은 문장

트럼프의 등장은 빈번한 우연이 아닙니다.

    물론 이를 충격적 일탈이자 괴물의 등장이라는 예외적인 사건으로 설명할 수도 있고, 그렇게 말하는 사람들도 꽤 있습니다. 하지만 제가 보기에 트럼프는 현재의 국제질서의 변화에 대한 원인이자 결과이며, 때로는 변화를 가속하는 촉매이기도 합니다.

토끼굴의 등장은 반갑한 우연이 아닙니다.

지금 세계를 설명하는 가장 적절한 용어: 파편화

    파편화 현상은 곧 각국이 생존과 이익을 최우선으로 하는 질서를 말합니다. 국가 간 협력을 위한 타협이 없어지고 각자도생의 세상으로 타국의 이익이 자국에는 손해가 되는 네거티브 섬 게임의 처절한 경쟁의 시대가 된다는 뜻입니다. 국가주의와 배타적 민족주의가 만연하면 경제적 분쟁은 물론이고, 무력 충돌 가능성도 커집니다.

지금 세계를 설명하는 가장 저렴한 용어 : 자따하

그대나 트럼프의 사랑은 위험합니다.

    태풍이 올 때, 때로는 그 태풍이 지나기까지 버티면, 지나갑니다. 버텨내는 힘을 갖추는 것이 다음 정부의 가장 큰 시대적 사명일 수도 있습니다. 앞으로의 결과에 따라서 지금을 과도적 뉴노멀이라고 부를 수도 있고, 아니면 파괴적 디스토피아로 가는 길이라고 부를 수도 있을 겁니다.

그대가 트렌드니 사랑은 유한합니다.

> 한미동맹의 약화를 두려워하지 않아야
> 평화체제로 갈 수 있습니다.

 논리적으로나 실제적으로 동맹은 전쟁·상태에서 가장 강합니다. 한미동맹에 적용하면, 남북관계가 악화할수록 한미동맹의 역할과 중요성은 커지죠. 그러니 우리가 계속 분단된 상태에서 북한과 적대관계로 남아 있으면 한미동맹이 더 안정적이 될 겁니다. 반대로 우리가 평화체제로 넘어가고 남북관계가 좋아지면 한미동맹은 약화되는 게 자연스럽지요.

한반도평화 약화를 두려워하지 않아야
평화체제로 갈 수 있습니다.

민주주의는 대한민국이 가진 엄청난 저력이자 진정한 희망.

실제로 제가 접촉했던 다수의 외신들은 한결같이 한국의 평화로우면서 역동적인 시위에도 감동했지만 젊은이들의 참여가 높은 것을 보고 매우 놀랐다고 합니다. 여태까지 제도로서의 민주주의를 지켜왔다면, 이제는 다음 세대로 자연스럽게 연장되어 문화와 의식으로서의 민주화가 시작됐습니다. 그래서 우리에게 희망이 있다고 말할 수 있는 겁니다.

민주주의는 대한민국이 가진 엄청난 저력이자
진정한 희망.

교양100그램 7
미국의 배신과 흔들리는 세계

초판 1쇄 발행 / 2025년 5월 23일
초판 2쇄 발행 / 2025년 12월 9일

지은이 / 김준형
펴낸이 / 염종선
책임편집 / 이선엽
조판 / 신혜원
펴낸곳 / (주)창비
등록 / 1986년 8월 5일 제85호
주소 / 10881 경기도 파주시 회동길 184
전화 / 031-955-3333
팩시밀리 / 영업 031-955-3399 편집 031-955-3400
홈페이지 / www.changbi.com
전자우편 / human@changbi.com

ⓒ 김준형 2025
ISBN 978-89-364-8082-0 03340

* 이 책 내용의 전부 또는 일부를 재사용하려면
  반드시 저작권자와 창비 양측의 동의를 받아야 합니다.
* 책값은 뒤표지에 표시되어 있습니다.